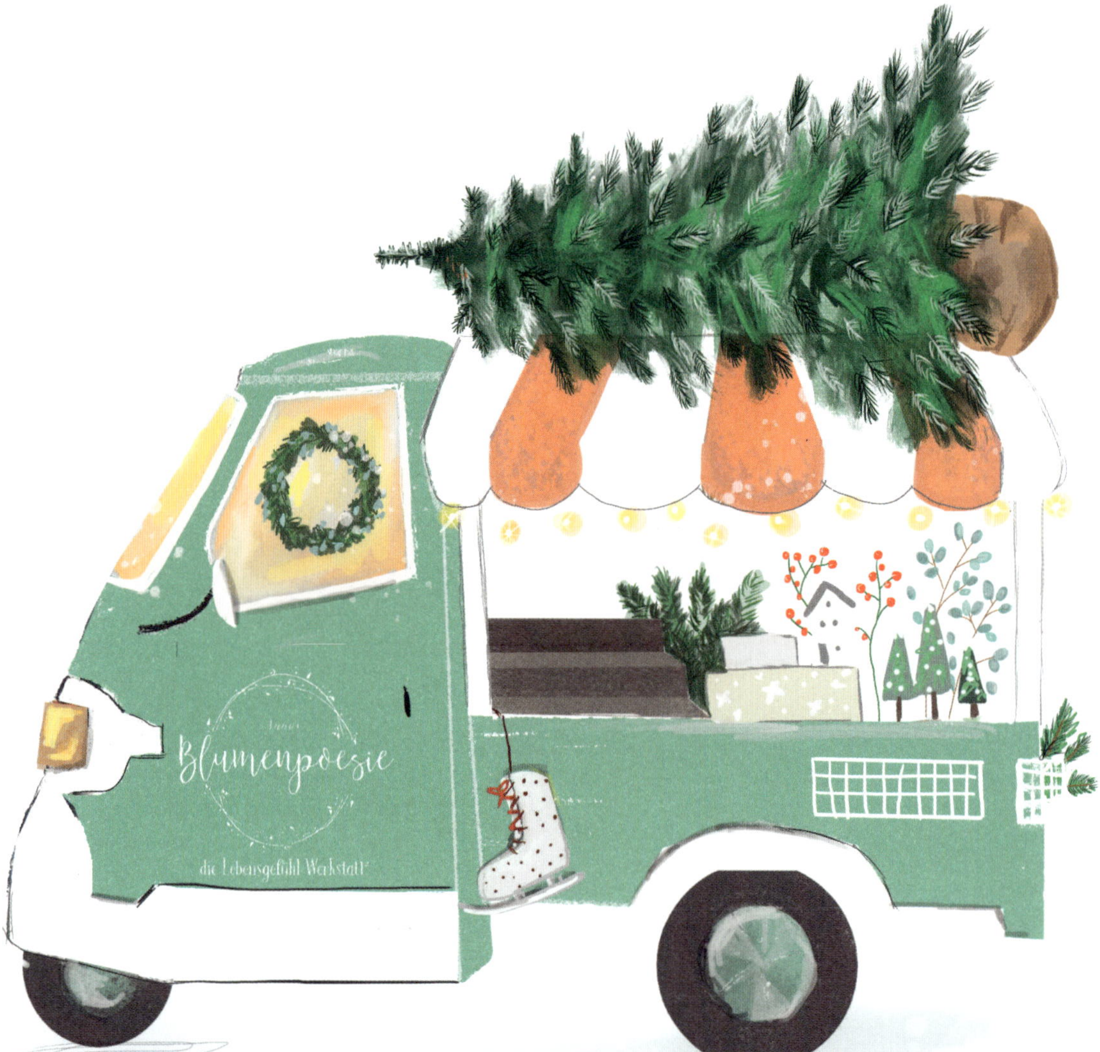
Blumenpoesie
die Lebensgefühl Werkstatt

Anna C. Rupp

WEIHNACHTLICHE Blumenpoesie

Dein Begleiter durch den Advent mit Inspirationen, Deko-Anleitungen und Geschichten

stiebner

Inhaltsverzeichnis

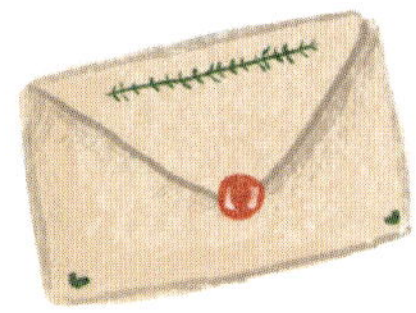

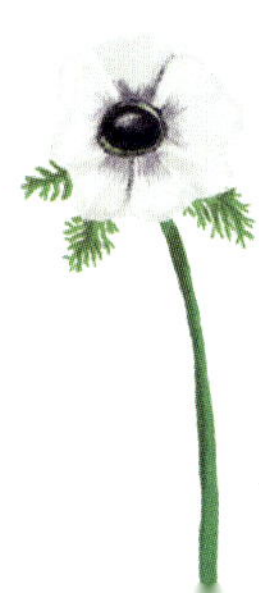

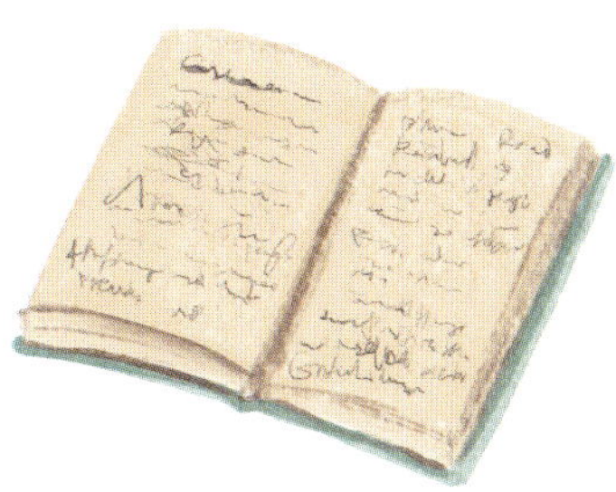

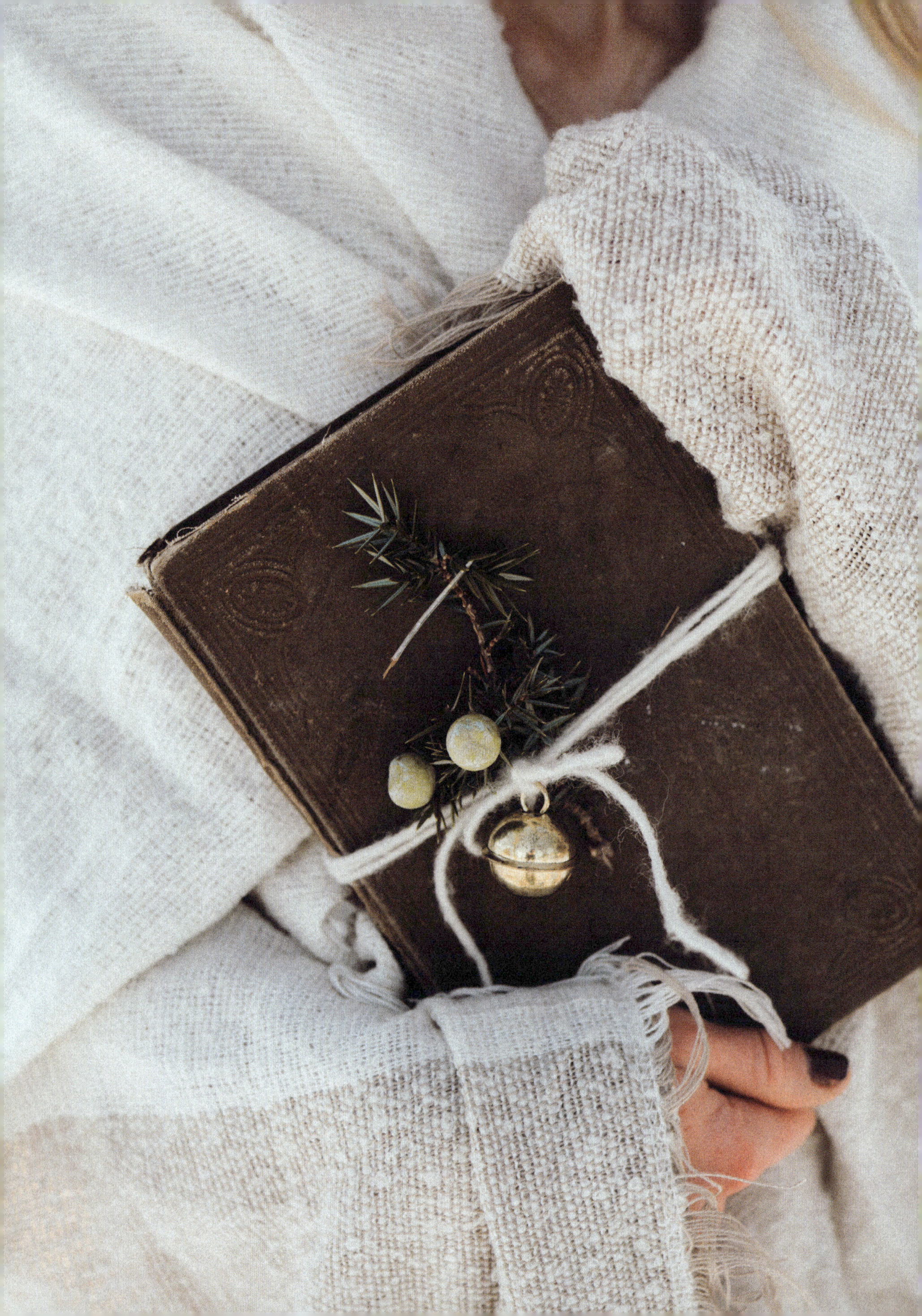

Eine Einladung in diese Zeit

Es beginnt eine Zeit der Verwandlung. Während sich die Natur zurückzieht und scheinbar in einen Schlummerzustand fällt, sind über Jahrhunderte hinweg unter den Menschen Traditionen entstanden. Bräuche wurden entwickelt und überliefert, Geschichten am wärmenden Feuer erzählt. Aus der Notwendigkeit, Lebensmittel zu konservieren, sind unsere heutigen Weihnachtsgeschmacksnoten entstanden. Aus der Sehnsucht, der Stille zu entkommen und in kleinen Stuben und Küchen zu musizieren, entstanden so manche Kindergeschichten und Weihnachtslieder.

In einer Wohlstandskultur, wie sie uns heute prägt, sind viele Traditionen überholt oder abgeschafft geworden. Konsum und Dekorationstrends überfluten jedes Jahr neu die Geschäfte und Wohnzimmer und begleiten uns oft nur eine Saison lang.

In dieser Schnelllebigkeit sehne ich mich ganz besonders nach der Ehrfurcht gegenüber dieser von Zauber umrahmten Jahreszeit.

Mit diesem Buch möchte ich dich einladen, in aller Alltagshektik und einer Welt voller Möglichkeiten, achtsam zu schauen und die einzelnen Tage dieser zauberhaften Weihnachtszeit bewusst zu leben.

Lass uns nicht Trends und Kurzlebigkeiten hinterherhetzen, sondern innehalten und die kleinen Schätze beachten, die uns in der Natur begegnen. Wir erinnern uns wieder an unsere Kindheit oder Familientraditionen, vielleicht wollen wir diese sogar aufleben lassen. Wir kehren zurück zu den Wurzeln der Winterzeit und entdecken unsere eigene Kreativität wieder.

Dieses Buch soll dein persönlicher Alltagsbegleiter werden. Es ist deine Entschleunigung und zauberhafte Entdeckungsreise durch meinen Blumenladenalltag voller kostbarer Naturmaterialien, alter Traditionen, kreativer Ideen, Geschichten und Poesie.

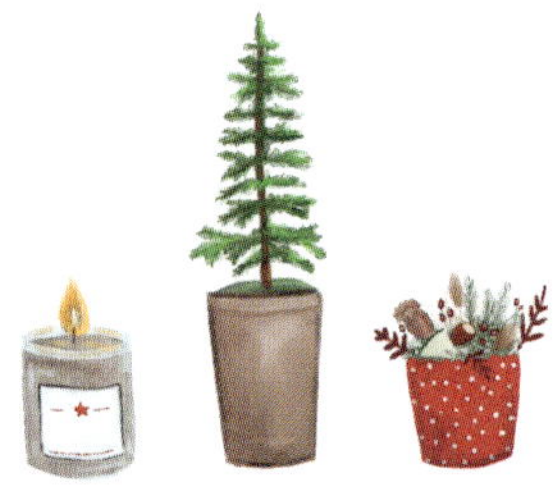

Über Anna & Blumenpoesie

Schön, dass du dabei bist und dich mit mir auf den Weg machst!
Da wir diese besondere Zeit miteinander verbringen und ich dich mit diesem Buch begleiten darf, finde ich es angebracht, mich vorzustellen.
Ich bin Anna, Momente-Sammlerin, Floristin und Künstlerseele von Annas Blumenpoesie.

Ich hatte das Glück, in einer liebevollen Familie mit zwei Schwestern und großartigen Eltern geborgen aufzuwachsen. Tiefe Werte und lebensbunte Leichtigkeit prägten meine Kindheit, und die Möglichkeit, wann immer wir es wollten, kreativ und künstlerisch arbeiten zu dürfen. Bereits mit meinen ersten Schreibversuchen begann ich, Gedichte und Geschichten zu schreiben und Bilder mit Worten zu malen. Hier begann meine Liebe zur Poesie. Mein Tagebuch ist heute noch immer mein steter Begleiter.

In ländlicher Idylle, in der letzten Straße unseres Wohnortes Langensteinbach, wuchs ich auf. Genau dort – im ehemaligen Wohnzimmer meiner Oma Frieda, die Blumen liebte – durfte ich 2017 meinen Blumenladen ***Annas Blumenpoesie*** eröffnen und fuhr von da an mit meinem selbst gestalteten Blumenauto auf den Wochenmarkt.

Inzwischen unterstützt mich mein Team, denn an manchen Tagen haben wir in unserem kleinen Laden alle Hände voll zu tun. Neben Blumen und Pflanzen illustriere ich unsere Karten und Papeterie selbst und webe meine Gedanken und Kenntnisse der Kunsttherapie, Achtsamkeit und Poesie mit in unseren Ladenalltag ein.

2019 bekam ich die wundervolle Chance, mich weiter auf Trockenblumen und eine Neuentdeckung des Blumenmaterials zu fokussieren, und durfte hierzu mein erstes Buch ***Trockenblumenliebe*** gemeinsam mit dem Stiebner Verlag veröffentlichen.

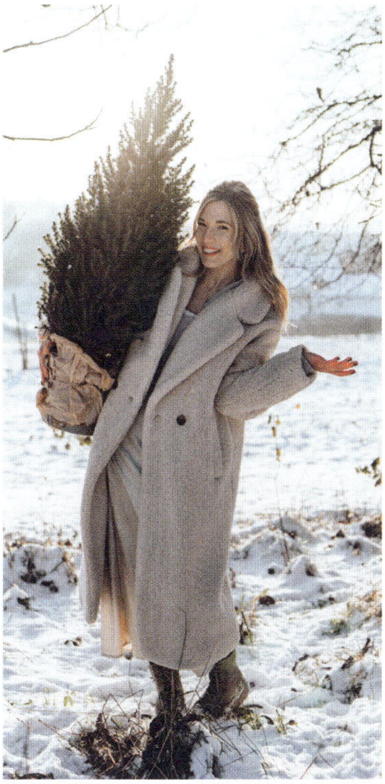

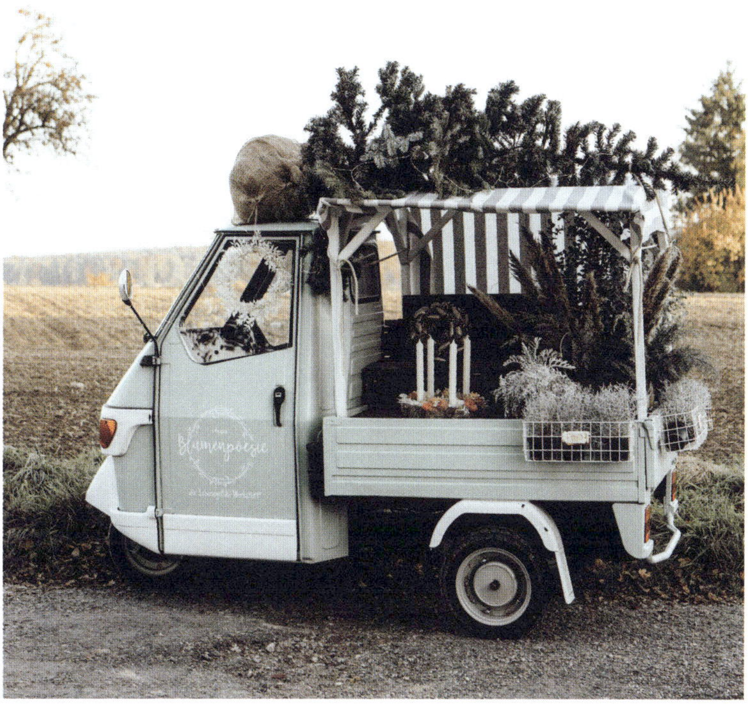

Vielleicht kennst du mich auch aus dem SWR. Dort darf ich nämlich immer wieder im ARD Buffet meine Ideen und Anleitungen rund um Blumen präsentieren.

Du fragst dich, weshalb wir **Blumenpoesie** heißen?
Poesie und Blumen gehören für mich untrennbar zusammen. Es gibt keine Struktur oder Blüte, die nicht eine Geschichte erzählen würde. Bei uns bekommen Blumensträuße Namen und werden oft von Zitaten oder Gedichten inspiriert und wir versuchen, die Poesie in jeder Begegnung und in den kleinen Alltagsmomenten zu suchen und festzuhalten.

Danke, dass du dich mit mir gemeinsam auf die Suche nach der Poesie in deiner Weihnachtszeit machst. Ich freue mich auf unsere gemeinsame Reise!

Wenn du einen kleinen Einblick in unseren Laden haben möchtest, dann schau gerne hier vorbei.

Wie dieses Buch funktioniert

Unsere winterliche Reise kann beginnen und du fragst dich vielleicht, wie dich dieses Buch am besten begleiten kann. Statt eines gewöhnlichen Adventskalenders, der mit dem ersten Türchen, also dem 1. Dezember beginnt, starten wir schon Ende November und stimmen uns auf die besondere Jahreszeit ein.
Im Dezember darfst du dieses Buch als Adventskalender und Alltagsbegleiter ansehen. Jeden Tag ist ein besonderes Thema für dich vorbereitet und gestaltet. Manchmal erwartet dich eine kleine DIY-Anleitung. An anderer Stelle findest du eine besinnliche Geschichte oder auch eine Achtsamkeitsübung, die deinen Alltag bereichern darf.
An besonderen Tagen mit langer Tradition erzähle ich dir etwas über deren Geschichte und über die Möglichkeit, einen alten Brauch in unseren heutigen Alltag zu integrieren.
Und natürlich möchte ich dir Momente aus meinem Blumenladen, aus den wundervoll reichen Schätzen der Natur zeigen und du bekommst botanische Kenntnisse und floristische Tipps zur Gestaltung deines ganz eigenen Winterwunderlands. So stelle ich dir einzelne Floralien und deren Blumenbedeutungen vor und zeige dir in kleinen Tutorials, wie du selbst floristisch und gestalterisch aktiv werden kannst.

Die einzelnen Tage sind allerdings so gestaltet, dass sie nicht aufeinander aufbauen. Das bedeutet, auch wenn du einmal nicht dazu kommst, dein Weihnachtsbuch zur Hand zu nehmen, kannst du diese Seite einfach überspringen und sie dir vielleicht für das nächste Jahr aufheben und dich erneut darauf freuen.

Außerdem wünsche ich mir sehr, dass unsere gemeinsame Reise durch diese Jahreszeit und dieses Buch nicht bereits am Heiligabend endet. Dieses Buch darf dich bis in den Januar und durch die besondere Zeit der Raunächte begleiten und neue Seiten dieser Tage beleuchten, dich inspirieren und verzaubern.

Ich freue mich von Herzen darüber, dass du diese Zeilen liest und nun eine gemeinsame Phase der Achtsamkeit voller Tannenduft, Poesie, dem Geist alter Tage und der Vorfreude neuer Entdeckungen beginnt.

Ich wünsche dir eine segensleuchtende und momentschöne Weihnachtszeit.

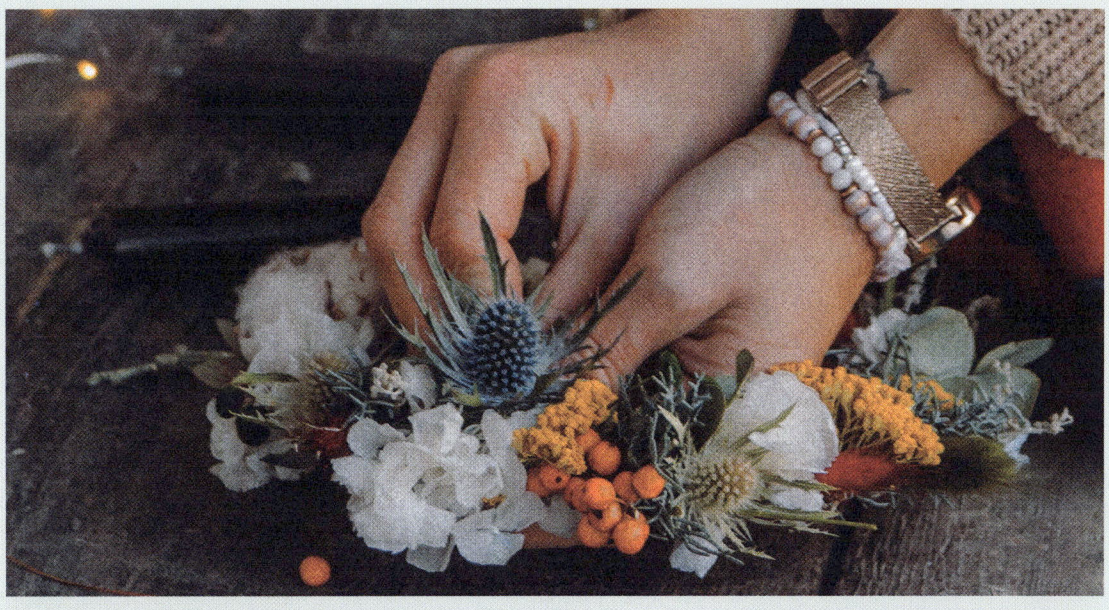

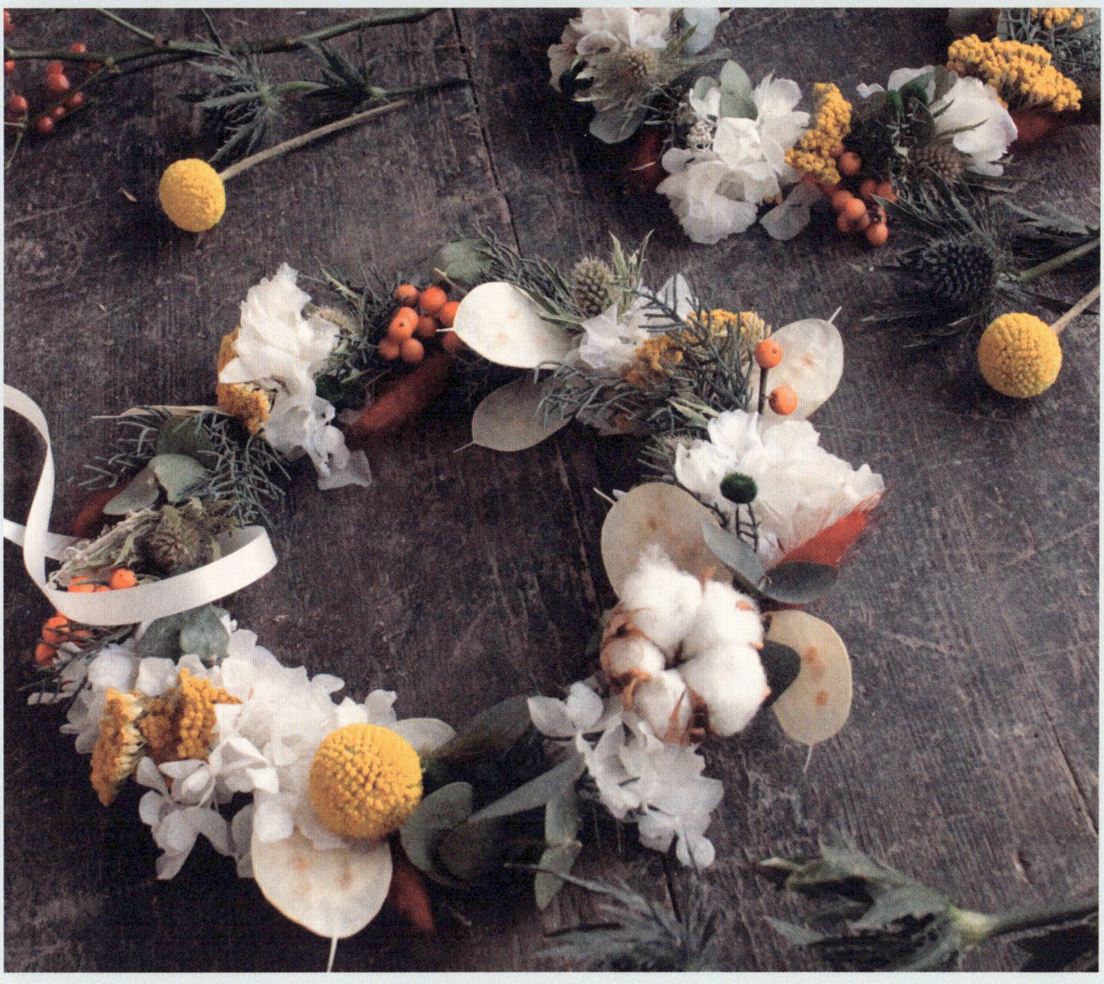

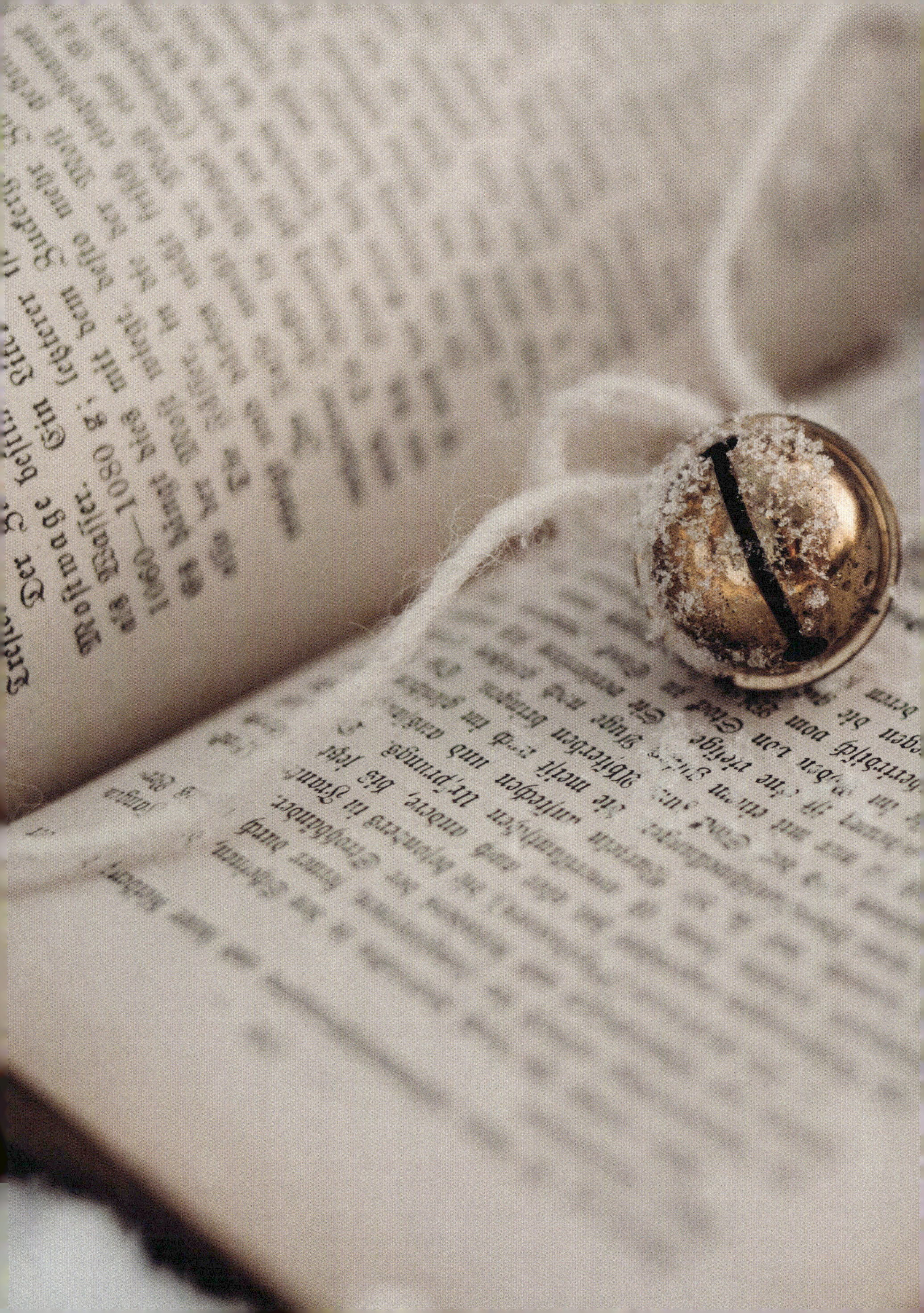

November

WENN IN DEN WÄLDERN DIE RUHE EINKEHRT,
ERWACHEN ALTE TRADITIONEN ZU NEUEM LEBEN.

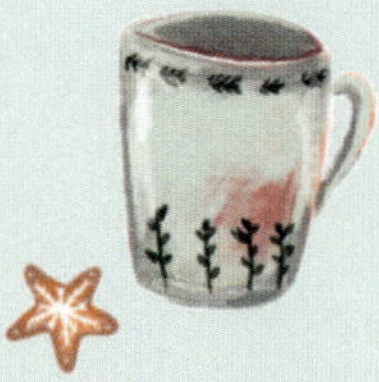
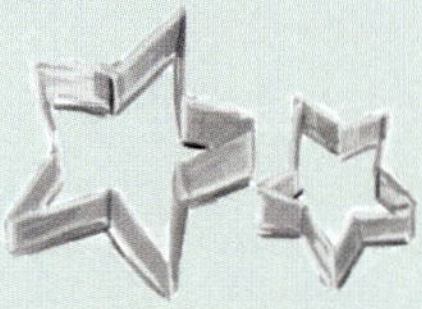
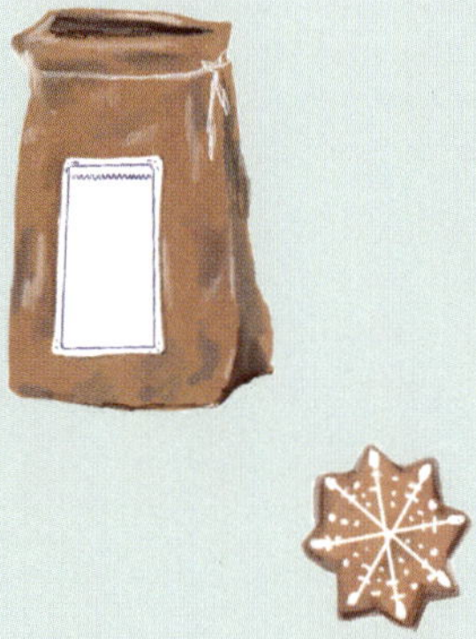

Meine Advents-Bucket-List

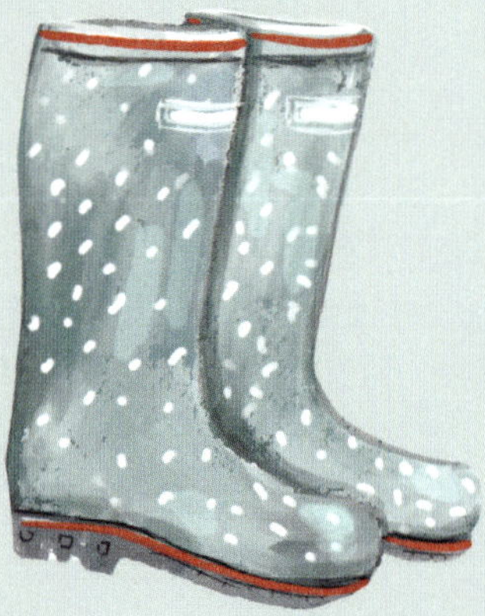
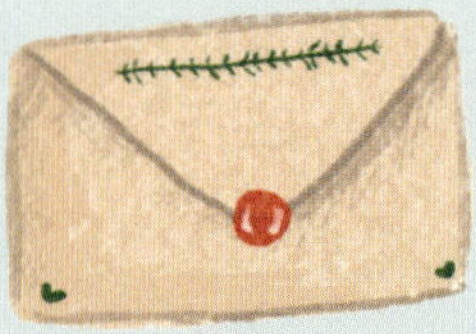
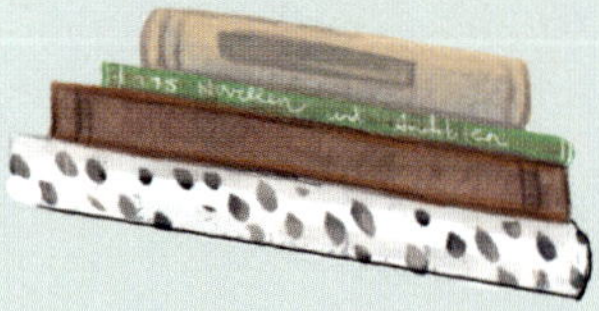

WAS MÖCHTE ICH IN DIESER ADVENTSZEIT BESONDERS GENIESSEN? WOFÜR MÖCHTE ICH MIR BEWUSST ZEIT EINPLANEN?

z.B. Tee trinken, Zeit zum Lesen nehmen, Plätzchen backen, Weihnachtsbriefe schreiben, einen Winterspaziergang machen ...

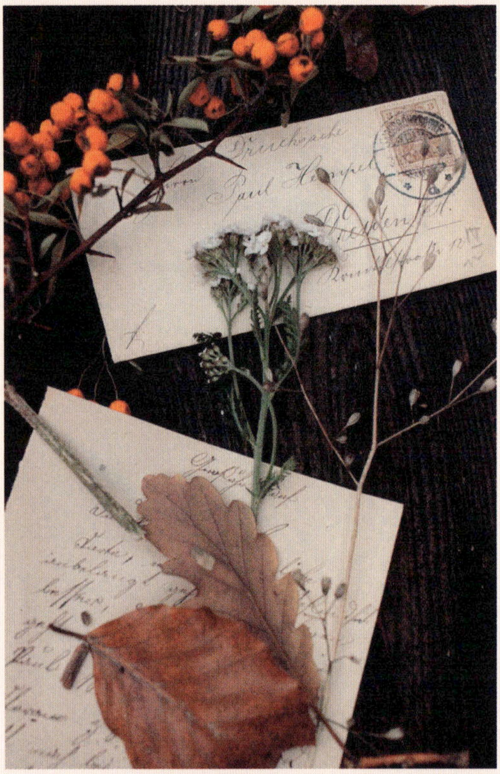

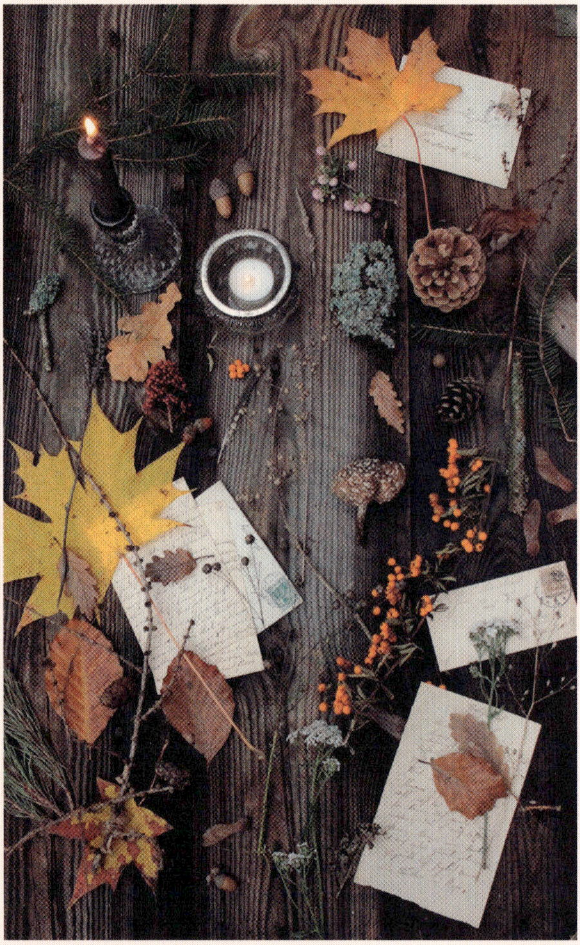

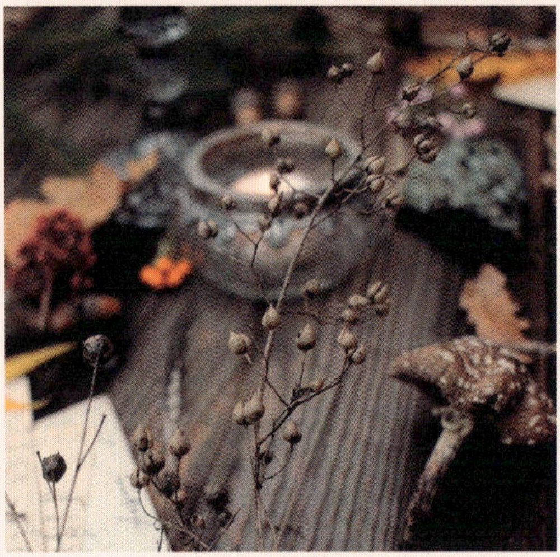

22. NOVEMBER

Naturschätze sammeln

Wann bist du das letzte Mal allein in die Natur gegangen und hast dich mit ganzem Herzen darauf eingelassen, im Moment zu sein? Gerade in den Tagen vor der anstehenden Weihnachtzeit sind unsere To-do-Listen lang und die Erwartungen an uns selbst hoch. Die Fenster wollen geputzt und geschmückt, Kekse gebacken, Einkäufe erledigt und Kisten aus Keller und Speicher getragen werden. Doch was geschieht eigentlich zu dieser Zeit in der Natur? Während wir glauben, dort draußen in der Kälte gäbe es allmählich nichts mehr zu entdecken und alles sei verblüht, verändern sich die Strukturen der Blüten und Gräser auf mystische Weise.

Heute darfst du dir erlauben, einen Spaziergang durch die Natur zu unternehmen. Auf meinen Spaziergängen entdecke ich immer wieder wunderbare Zweige und vertrocknete Gräser und oft bin ich verzaubert von ihren anmutigen Neigungen und ihrer Gestalt. Es ist eine wunderbare Zeit, um Trockenblumen und getrocknete Gräser zu sammeln.

In den Wäldern finden wir goldleuchtendes Buchenlaub, kleine Eicheln, Bucheckern, Nüsse. Auch Tannenzapfen sind ein Geschenk der Natur, denke aber beim Sammeln daran, dass sie so manchen Tieren wie Eichhörnchen, Siebenschläfern & Co. noch als wichtige Nahrung dienen.

Andere Pflanzen wie Moose stehen unter Naturschutz und werden vom Wald und seinen Bewohnern auch im Winter gebraucht.

Auch wenn du Gräser und schöne Strukturen wie »Klappertopf-Halme« am Wegesrand sammeln möchtest, dann schüttle sie stets aus, sodass ihre Samen sich verteilen können und lasse für die Natur immer mehr stehen, als du mit nach Hause nimmst.

Eine kleine Aufgabe möchte ich dir für deinen Spaziergang gerne mitgeben: Versuche, das Gleichgewicht zu spüren, das du im Wald oder auf weiten Wiesen erleben kannst. Schließe die Augen und lausche dem Knacken der Bäume, dem Rascheln der Zweige und dem Flügelschlag der Vögel.
Stelle dir vor, wie in den Baumhöhlen über dir sich die Bewohner des Waldes zusammenkuscheln und der Winterkälte entfliehen. Schenke dir selbst diesen Moment des Innehaltens und nimm das Geschenk dieser Ruhe mit nach Hause und zurück in deinen Alltag.

23. NOVEMBER

Teeadventskalender und Duftgedanken

Um besonders hektische Augenblicke zu entschleunigen, liebe ich es, einen kurzen Moment die Augen zu schließen und im Blumenladen an einer Blüte, einem Tannenzweig oder einer Tasse Tee zu riechen. Was, wenn du einen ganz besonderen Adventskalender für dich und deine Liebsten gestalten könntest und eben solche Auszeit-Momente schenken würdest?

Diese Adventskalender-Idee ist außergewöhnlich und besonders für Momentgenießer und Teetrinker geeignet. Du schenkst nämlich nicht nur in kleinen Säckchen vorbereitete Duftmomente, sondern die einzelnen Naturzutaten können anschließend in ein Einmachglas gefüllt und zu einer besonderen Weihnachts-Gewürzteemischung zusammengestellt werden. Größere benötigte Mengen wie Grundzutaten werden natürlich auf mehrere Tage/ Säckchen aufgeteilt.

In der Tabelle kannst du sehen, welche pflanzliche Zutat welche Wirkung mit sich bringt. Nicht alle Wirkungsweisen sind wissenschaftlich erwiesen, aber oft kulturell überliefert. Ich möchte dich inspirieren, dich einer Welt der Düfte, Gewürze und sinnlichen Teemomente kreativ anzunähern. Wenn du deinen Adventskalender verschenken möchtest, ist es außerdem wichtig, die einzelnen Zutaten so mit Namen zu versehen, dass der Duftmoment und die Überraschung beim Wahrnehmen und Riechen zunächst nicht zerstört werden, Allergiker aber die Möglichkeit haben, nachzulesen, um welche Zutat es sich handelt.

Achte beim Probieren und Zusammenstellen darauf, nicht zu viele verschiedene Zutaten zu verwenden. Es sollten nicht mehr als zehn verschiedene sein. Du kannst aber auch nur vier verschiedene Duft- und Geschmacksnoten in die 24 Adventskalendersäckchen verteilen. Wenn du deine Wunschzutaten zusammengestellt hast, probiere etwas davon, um das Mischungsverhältnis an deine Wünsche anzupassen.

Hier kannst du dir Adventskalenderzahlen zum Ausdrucken und Aufbügeln herunterladen.

Das brauchst du für deinen Adventskalender:

- 24 Naturstoffbeutel, unbehandelt
- Teezutaten, als Einzeltees und im Lebensmittelhandel erhältlich
- Schnur zum Aufhängen der Säckchen
- einen kleinen Brief zur Erklärung, wie der Duftadventskalender funktioniert
- ein hübsches Einmachglas zum späteren Einfüllen der Einzelzutaten
- 24 kleine Kärtchen zum Beschriften des Beutelinhalts
- nach Wunsch Bügelbilder oder Schildchen zum Verzieren und Nummerieren der Beutel

ZUTAT	WIRKUNG, BESONDERHEIT
Kamille	Beruhigende Wirkung
Brombeerblatt	Für freie Atemwege
Getrocknete Mango	Für eine fruchtig süße Note
Getrocknete Orange	Wirkt belebend
Nelken	Unterstützen den Magen und Verdauungstrakt
Kokosraspel	Für eine exotische Note
Rooibos	Entzündungshemmend und entgiftend
Kardamom	Förderung der Verdauung und Galle
Ingwer, getrocknet	Für freie Atemwege, gegen Stress, antibakteriell
Anis	Fördert die Verdauung
Melisse	Entspannende Wirkung
Rosmarin	Gegen Kraftlosigkeit
Lavendel	Gegen Kraftlosigkeit, beruhigend, schlaffördernd
Zimt	Antibakteriell
Fenchel	Förderung des Verdauungstraktes
Calendula-Blüten	Beruhigend und verdauungsfördernd
Apfelstückchen, getrocknet	Für eine fruchtige Note
Kornblume	Harntreibend, hilft bei Bauchproblemen
Rosenblätter oder -knospen	Neutralisierend, entgiftend

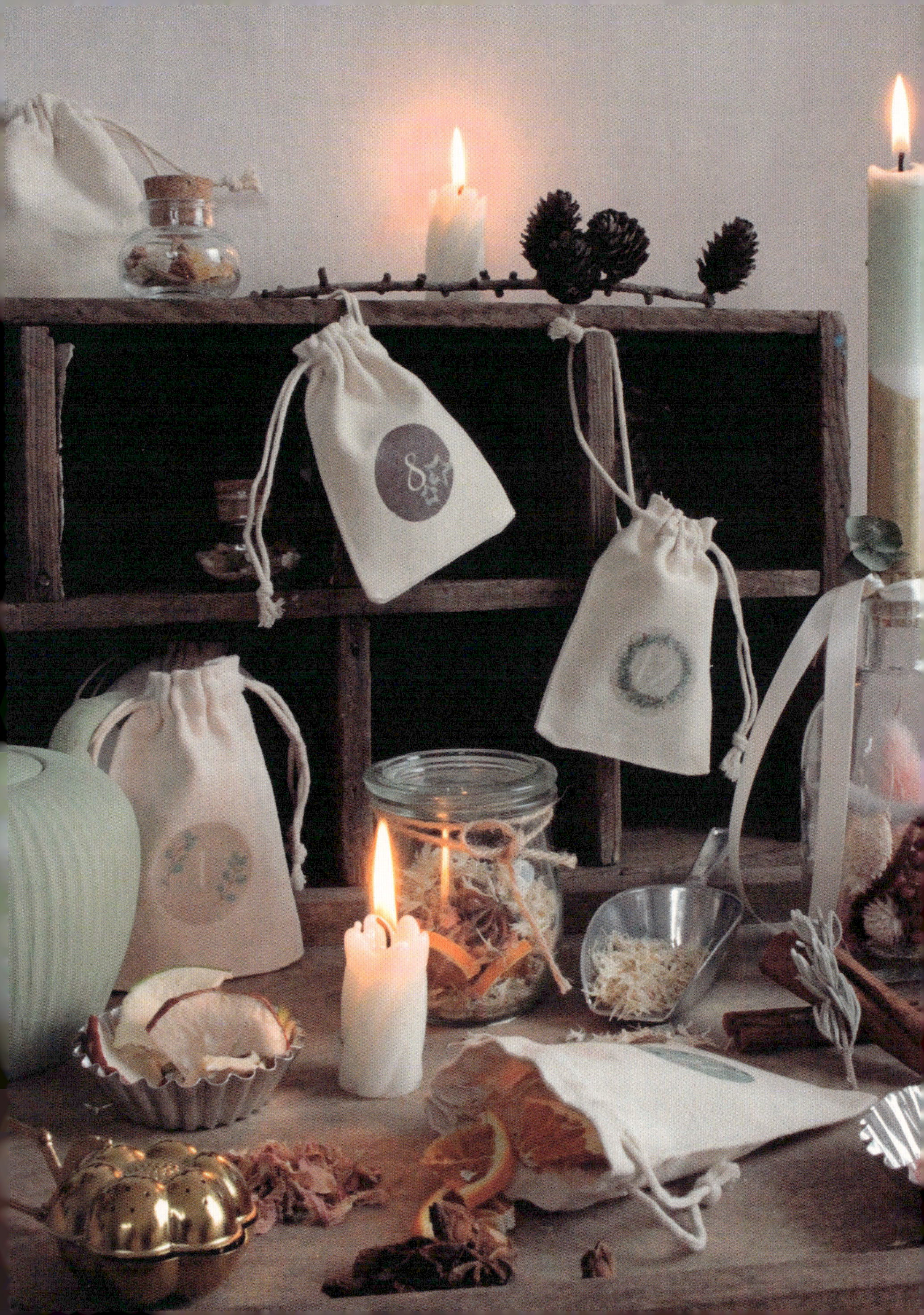

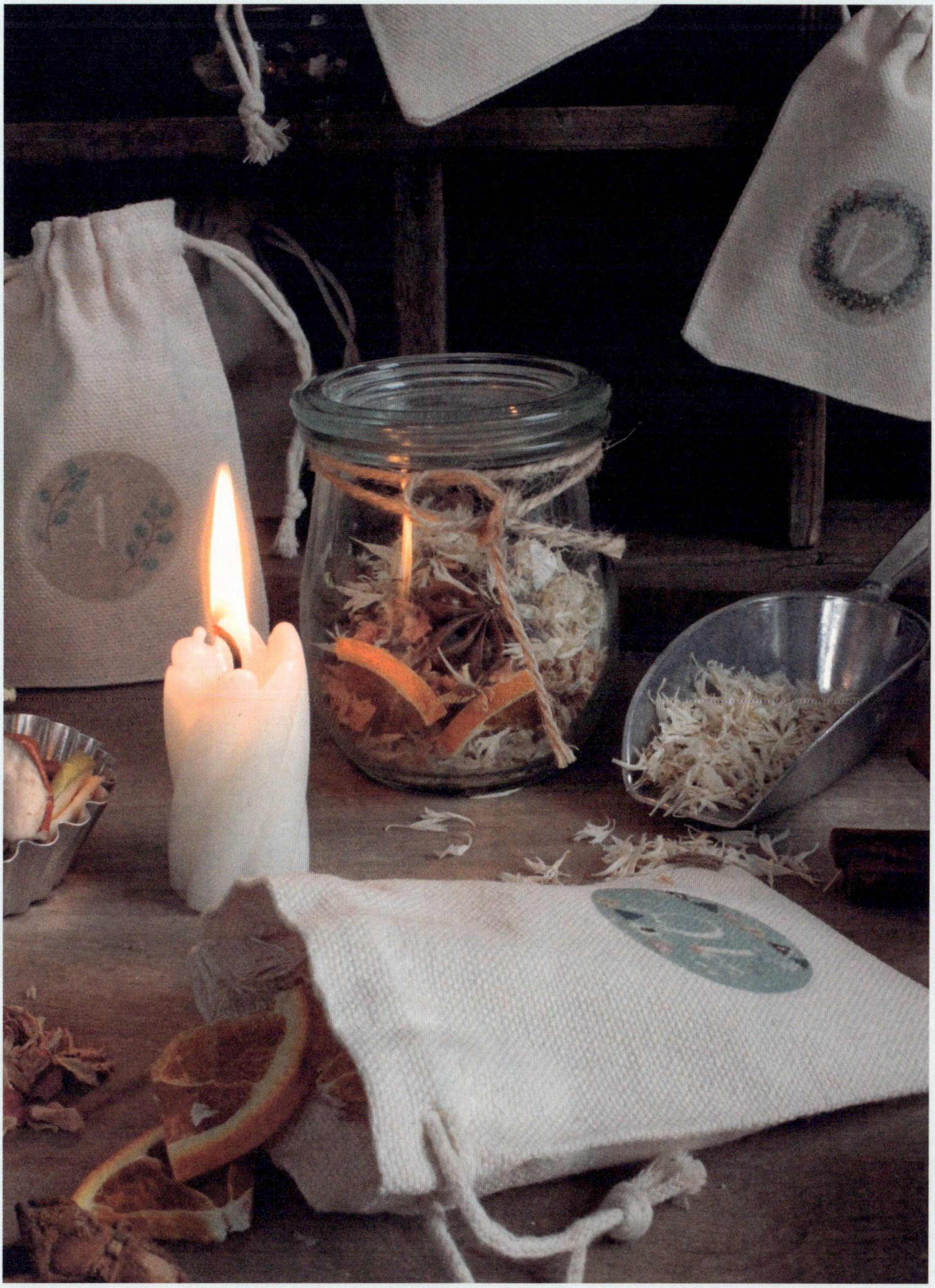

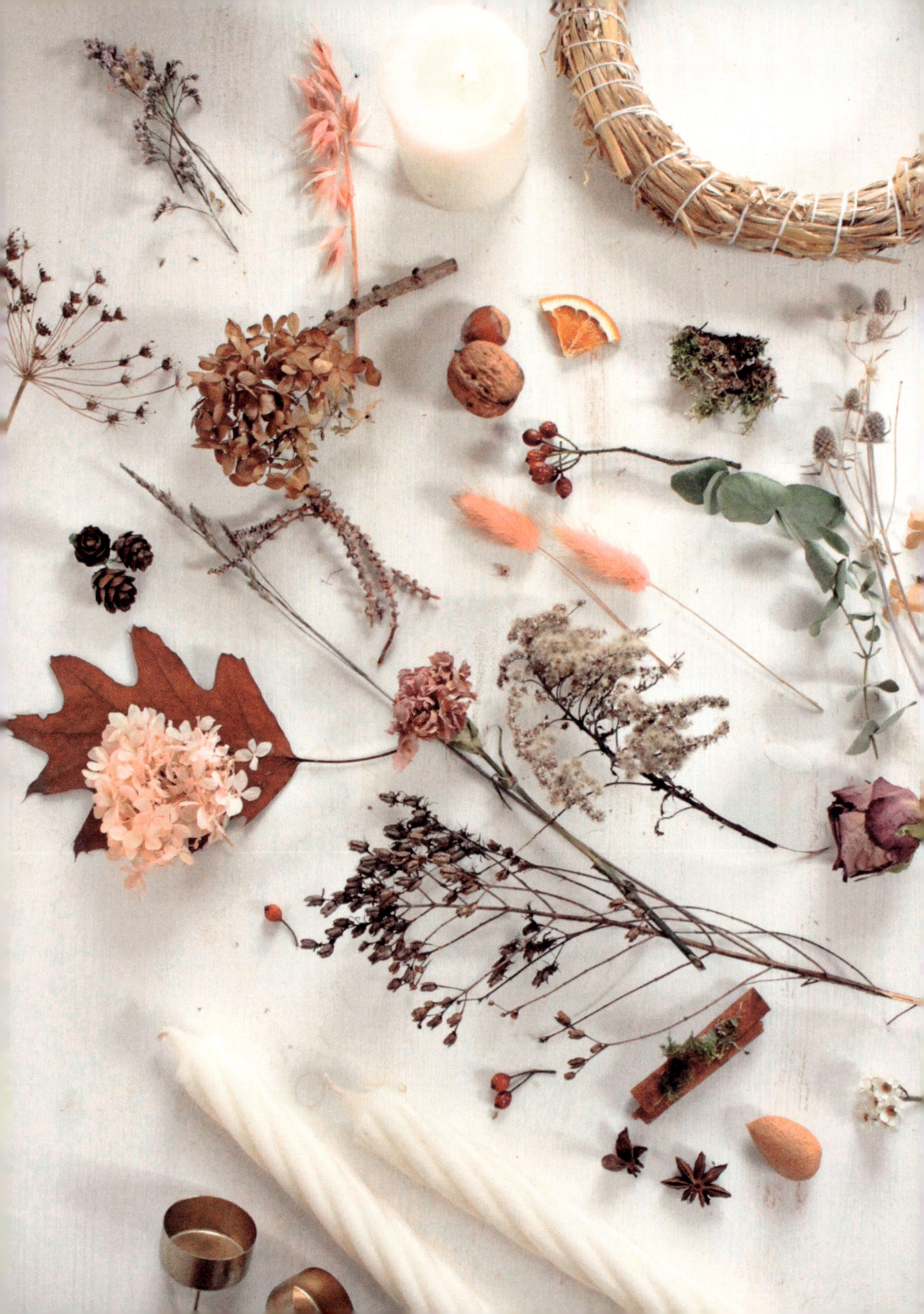

24. NOVEMBER

Adventskranz binden

Adventskränze haben eine lange Tradition. Der erste Adventskranz entstand 1939 in einem Waisenhaus in Hamburg. Dort befestigte man Kerzen auf einem alten Wagenrad und versuchte, den Kindern das Warten auf den Heiligabend zu verbildlichen. Damals waren es aber nicht nur vier große Kerzen, sondern zusätzlich so viele kleine Kerzen, wie die Adventszeit Tage hat. Somit war der erste Adventskranz auch eine Art des heutigen Adventskalenders. Erst später wurde die Tradition auch in anderen Kirchen und privaten Haushalten weitergeführt und der Kranz wurde mit immerwährendem Grün geschmückt. Das Tannengrün war nicht nur das einzige kräftige und ansehnliche Material dieser Jahreszeit, sondern symbolisiert außerdem die Hoffnung und das Leben.

Heute haben wir unzählige Möglichkeiten, unseren eigenen Adventskranz zu binden. In den letzten Jahren lieb gewonnen habe ich aber, einen Kranz aus natürlichen Materialien zu gestalten und hier Tannengrün, Koniferen, aber auch getrocknete Ähren und Gräser, Hortensienblüten, Fruchtstände und verblühte Zweige wie Fliederdolden zu kombinieren. Wir nennen diesen Kranz immer liebevoll »Feld- und Gartenkranz«.

Was du für deinen Feld- und Gartenkranz brauchst:

- **gemischtes Allerlei-Grün wie Thuja, Arizonica, Fichte, Kiefernzweige**
- **getrocknete Blüten und Gräser wie Hortensie, Strohblumen, Schleierkraut, Statizie, Disteln**
- **Dekorationselemente wie Zapfen, Holzsterne**
- **Wickeldraht, einen Strohrömer, eine Gartenschere, Kerzenhalter und gedrehte Stabkerzen in deiner Wunschfarbe**

Und so geht's:

1. Schneide größere Äste in handbreite Zweige und lege kleine Bündel aus Grün und Trockenblumen zusammen. Diese werden mithilfe des Wickeldrahtes auf dem Strohrömer befestigt. Wenn der Draht am Strohkern mit ein bis zwei Umwickelungen fixiert ist, lege das erste Bündel Blumenmaterial an und wickle dies mit maximal zwei Windungen fest.

2. Verwende auf der Kranzinnenseite nur kleine, abdeckende Zweige, um die Öffnung zu erhalten. Außen lege lange, anschmiegsame Zweige und Materialien an den Strohrömer, um die Seiten ebenfalls zu verdecken. Arbeite Stück für Stück, indem du die Blumenmaterialien schuppenförmig auf den Kranz legst und sie mit dem Draht festbindest.

3. Beim letzten Bündel angekommen, versteckst du den Draht, indem du ihn in die zuvor gewickelten Windungen auf der Unterseite des Kranzes einwebst und dann abschneidest. Damit der Kranz nicht zu viel Kerzenwachs abbekommt, kannst du auch für Stabkerzen einfach Teelichtkerzenhalter aus Metall nehmen, die du in den Kranz stichst. Die Stabkerzen können mit Wachskleber oder ein wenig heißem Wachs in den Halterungen befestigt werden.

4. Zum Abschluss können mithilfe eines Steckdrahtes oder Heißklebers einzelne Dekorationselemente wie Nüsse und Zapfen oder Dekopilze auf den Kranz angebracht werden. Achte dabei auf eine harmonische Verteilung der Materialien.

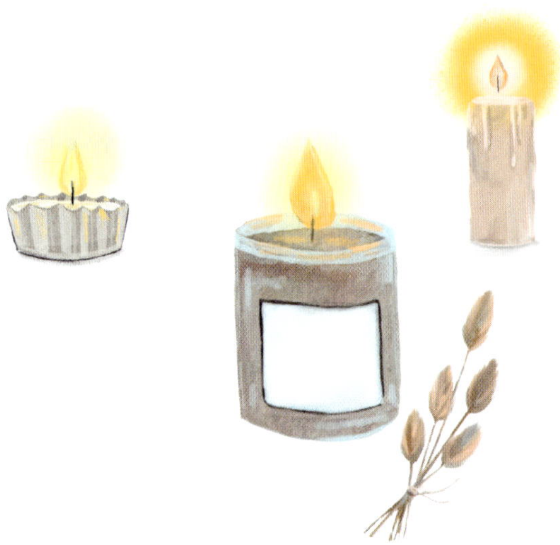

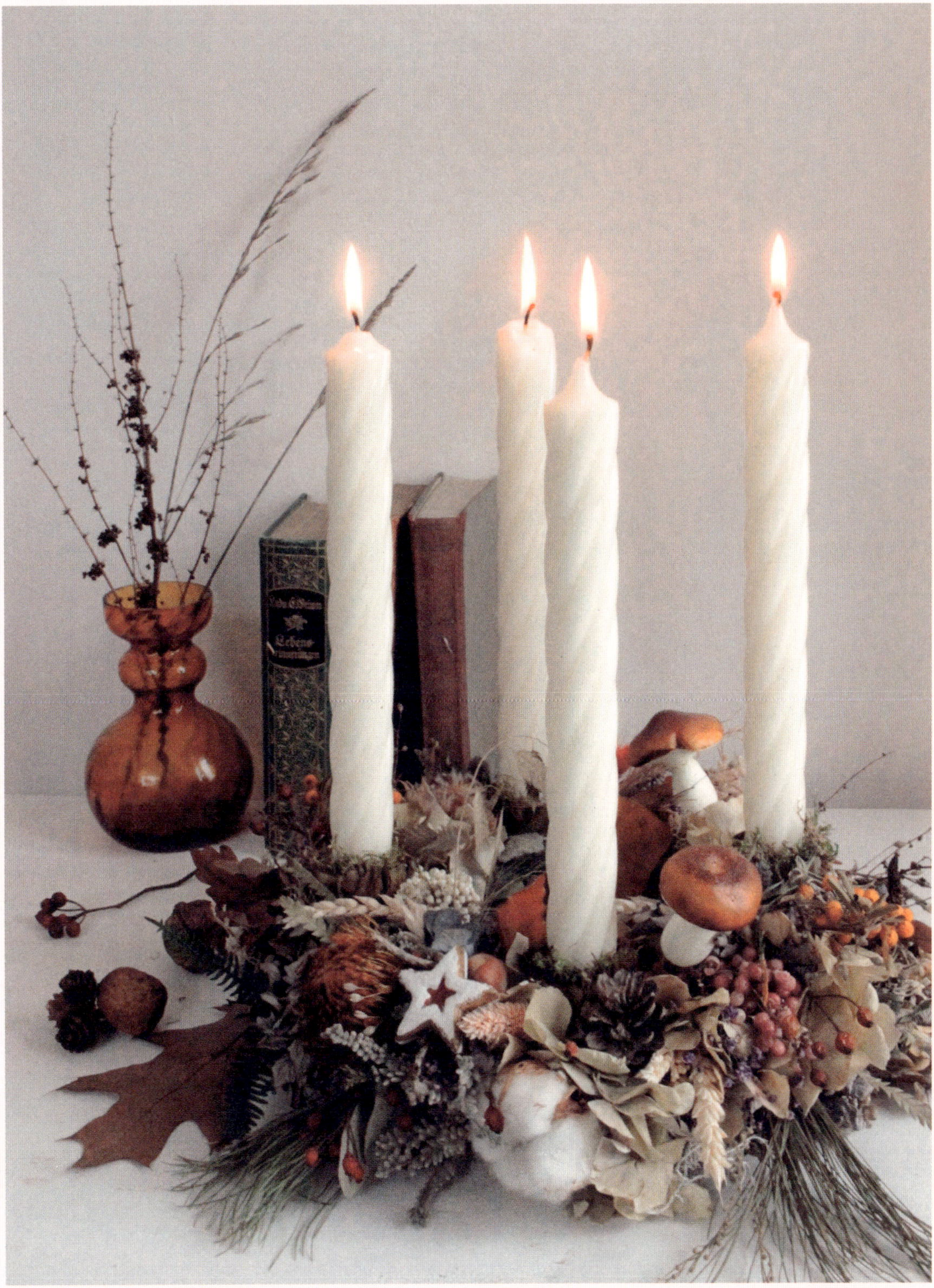

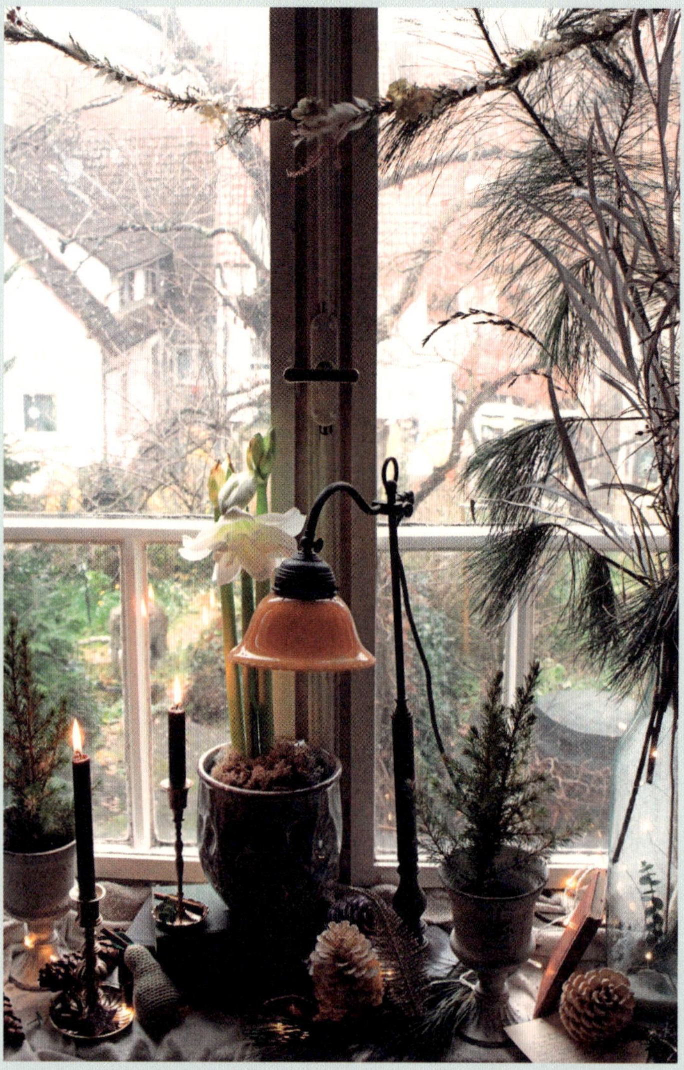

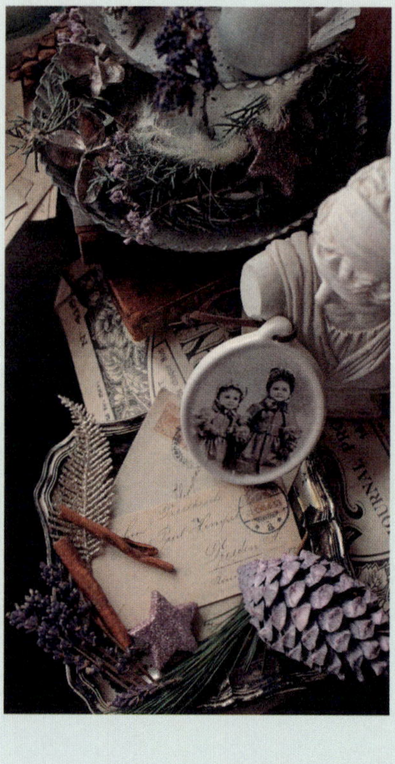

25. NOVEMBER

Weihnachtsfenster

Es gibt in der Weihnachtszeit unzählige Möglichkeiten, Nischen, Fenster oder Kommoden mit Zweigen und Dekorationsartikeln zu schmücken. Doch in diesem Jahr möchte ich dir einen kleinen Impuls schenken: Versuche, deiner kleinen Kulisse einen Namen zu geben, und suche ein Thema für deine Dekoration aus.

In meinem Blumenladen gestalten wir jedes Jahr Themenbereiche passend zu Geschichten. Beim Dekorieren dieses Weihnachtsfensters dachte ich an ein französisches Städtchen. Alte Steinhäuser zieren kleine Gassen. Draußen fällt der erste Schnee und ich sitze gedanklich in einem warmen, nostalgischen Café und genieße ein warmes Birnendessert mit duftigem Lavendelzucker. Französische Weihnachten. Birne – Lavendel. Wenn ich eine solche gedankliche Kulisse erstelle, suche ich im Geist bereits Farben und Materialien, die diese Stimmung aufgreifen. Hier habe ich antike Elemente wie Lampen, alte Bücher und Briefe mit natürlichen Elementen wie der kleinen Zypresse, Zapfen und Lavendelbündeln kombiniert.

4 kleine Tipps für dein Weihnachtsfenster:

1. Überlege dir eine Stimmung und tauche ganz in diese Atmosphäre ein. Welches Licht, welche Farben, welchen Geruch spürst du?

2. Welche Materialien hast du bereits zur Verfügung? Was darf in diesem Jahr vielleicht in der Weihnachtskiste bleiben? Welche Elemente verstecken sich sonst noch in deinem Zuhause, die neu eingesetzt werden können?

3. Beziehe große Elemente mit ein. Die von mir ausgewählte Lampe ist im Abendlicht nicht nur ein Stimmungszauber, sondern strahlt Ruhe aus und lenkt wegen ihrer Größe die Blicke auf sich.

4. Frage dich, welche kleinen Schätze du dazu arrangieren kannst. Der Betrachter soll angeregt sein, die kleinen Feinheiten zu entdecken, wie auf einer Schatzsuche. Ich habe hierfür zum Beispiel kleine Tabletts mit alten Briefen und Nüssen versehen.

26. NOVEMBER

Beeren in der Winterzeit

Die Winterzeit wird in unseren Vorstellungen gemalt von kahlen Bäumen, frostig umrandeten Decken aus gefallenem Laub und Zweigen voller Beeren und kleinen perlförmigen Früchten. Die blätternackten Rosenhecken sind prall gefüllt mit Hagebutten und auch in unseren Kränzen und Gestecken zieren die kleinen Hagebutten und großen Früchte unsere Winterzeit. Wir finden leuchtend orange Beeren, tintenblaue oder weihnachtsrote Früchte.

Als Zierpflanzen in Vorgärten und auf Friedhöfen sehen wir die hübschen Skimmia-Pflanzen. Die zarten hellgrünen oder braunroten Beerenperlen stehen über den gesamten Winter und trotzen Schnee und Kälte. Auch in den kahlen Ästen finden wir üppige Mistelzweige. Sie wirken zart und fein im Vergleich zu den vor Kraft strotzenden Ilexbeeren. Diese finden wir an braunen und verzweigten starren Stielen im Blumenladen in tiefrot leuchtend und hellorangen Farben.

Gerade im Winter sind die Beerenzweige nicht nur ein dekoratives und traditionell verwendetes Naturmaterial, sondern vor allem für Vögel eine wichtige Nahrungsquelle. Besonders der Schwarzdorn ist bei den heimischen Singvogelarten beliebt.

Auch die Stechpalme schenkt den Vögeln essbare Früchte, und während sie für uns Menschen giftig ist, ist ein eingeschneiter Ilexzweig mit einer Amsel oder einem Rotkehlchen darauf ein liebevolles und gängiges Wintermotiv.

Doch auch wir Menschen nutzen die Winterfrüchte wie Hagebutten für Marmelade oder Schlehen für Liköre und Leckereien in der Weihnachtszeit. Vielleicht fühlst du dich beim nächsten Spaziergang inspiriert, deine Umgebung nach farbig leuchtenden Beeren und hungrigen Vögeln abzusuchen und stimmungsvolle Winterbilder zu sammeln.

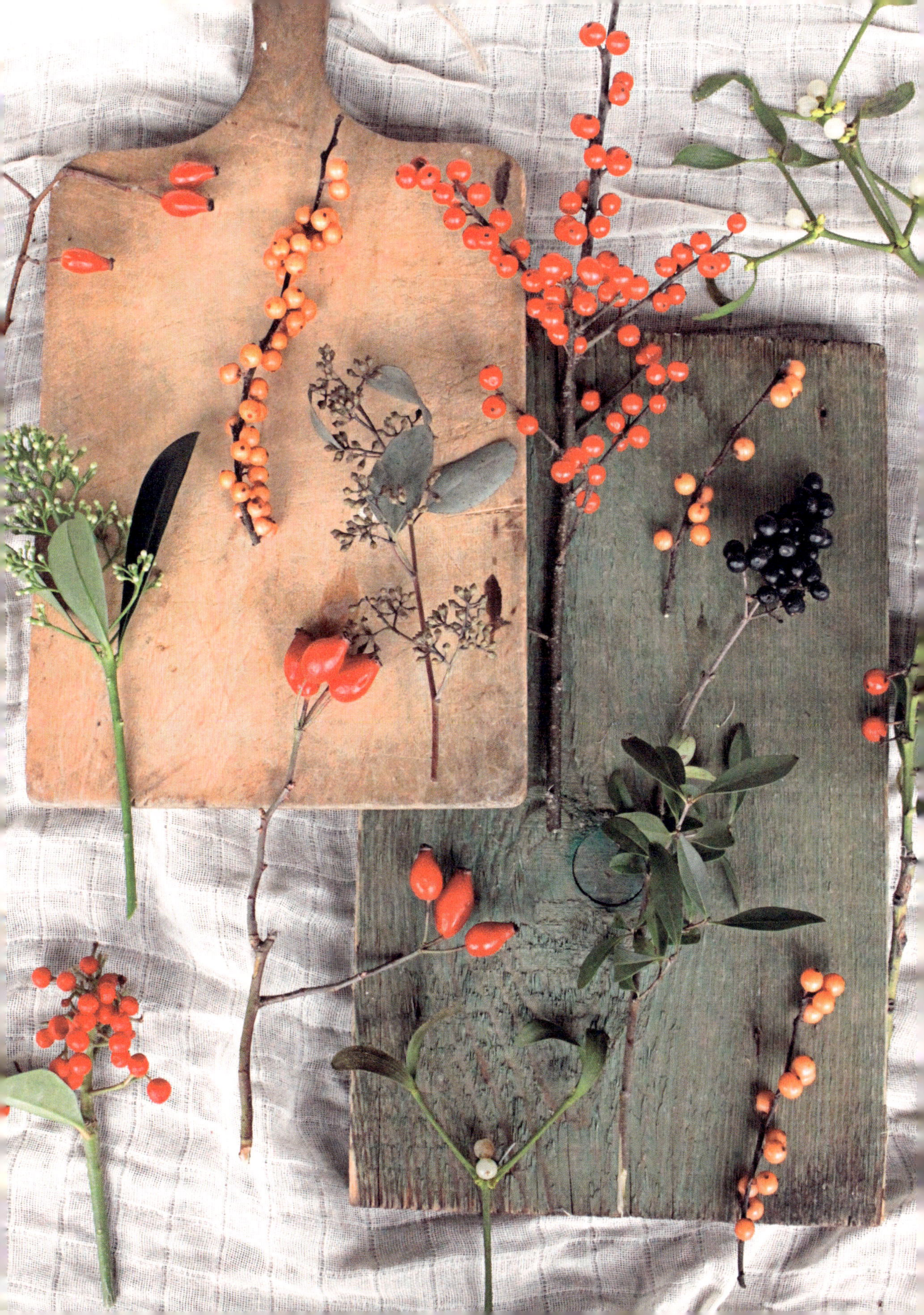

27. NOVEMBER

Herzenslichtverstärker

Frei erzählt nach einer wahren Begebenheit

Im Labor roch es chemisch sauber. Es war Abend geworden, doch Erwin saß an seinem Werktisch im Schein von Kerzen und Öllampen. Metallenes Präzisionswerkzeug und verschieden große Glaskolben sammelten sich im Raum. Hier hatte er bereits viele feinmechanische Arbeiten gut zu Ende geführt. Mit einer neuen Idee im Kopf saß er an diesem Abend wieder Stunde um Stunde an seinem Pult und experimentierte mit Licht.

Er fand, Operationen und lebensnotwendige ärztliche Hilfeleistungen brauchten besseres Licht. Sie durften einfach nicht länger von Tageszeit und Wetterverhältnissen abhängig sein. Vor sich hatte er einen runden Glaskolben und dahinter eine Kerze, deren Lichtschein er zu verstärken versuchte. Zunächst füllte er den Kolben mit Wasser. Der Effekt war sichtbar, aber unerheblich. Um das Licht noch weiter in dessen Reflektionsfähigkeit zu steigern, füllte Erwin den Kolben mit Glasspänen. Sie verteilten sich fast schwebend im Wasser. Tanzten schwerelos durch die Kugel und leuchteten dann und wann vom Licht ergriffen auf.

Es funkelte und tanzte vor Erwins Augen. Seinen an akkurates Arbeiten gewöhnten Fingern entlockten die Glasflocken ein tribbelndes Trommeln auf der Holzplatte, als spielten sie »Schneeflöckchen« auf dem alten Klavier in der Stube. An diesem Abend nahm Erwin das Projekt unvollendet schön, wie es war, mit nach Hause und stellte es auf das Nachtkästchen neben seinem Bett. Sogar das blassfahle Licht der Glühstrumpflaternen auf der Straße reflektierten die Glasplättchen bis in die Nacht hinein.

Sein Plan war ein völlig anderer gewesen. Aber freudig forschenden Herzens hatte Erwin an diesem Abend eine andere Art des Lichtverstärkers erfunden. Kurz darauf bastelte er ein kleines Modell der Basilika von Mariazell und ließ es mit Glas- und Griesflocken umschneien. Es wurde weiße Weihnacht in seinem Herzen, das freudig schlug wie das eines kleinen Jungen.

1900 eröffnete Erwin gemeinsam mit seinem Bruder Ludwig ein Geschäft, das sich ausschließlich mit der Produktion von Schneekugeln, Herzenslichtverstärkern und Freudenerweckern beschäftigte. Und heute haben wir chirurgische Spezialscheinwerfer UND Schneekugeln.

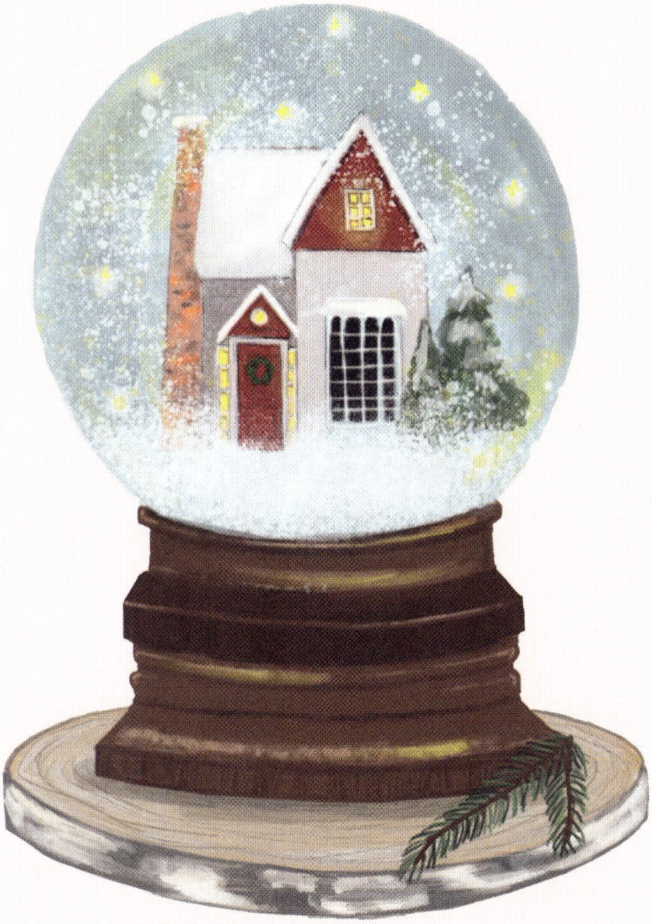

Und für dich: Welche Pläne, die du verfolgst, laufen vielleicht gerade in eine ungeplante, ungewollte, aber dennoch funkelnde neue Richtung?

Was ist dein persönlicher »Lichtverstärker«? Ist es ein Geruch, der eine Kindheitserinnerung wachruft? Ein Gedicht oder Lied? Was bringt dich und deine Adventszeit zum Leuchten und verstärkt das Positive in deinem Winteralltag?

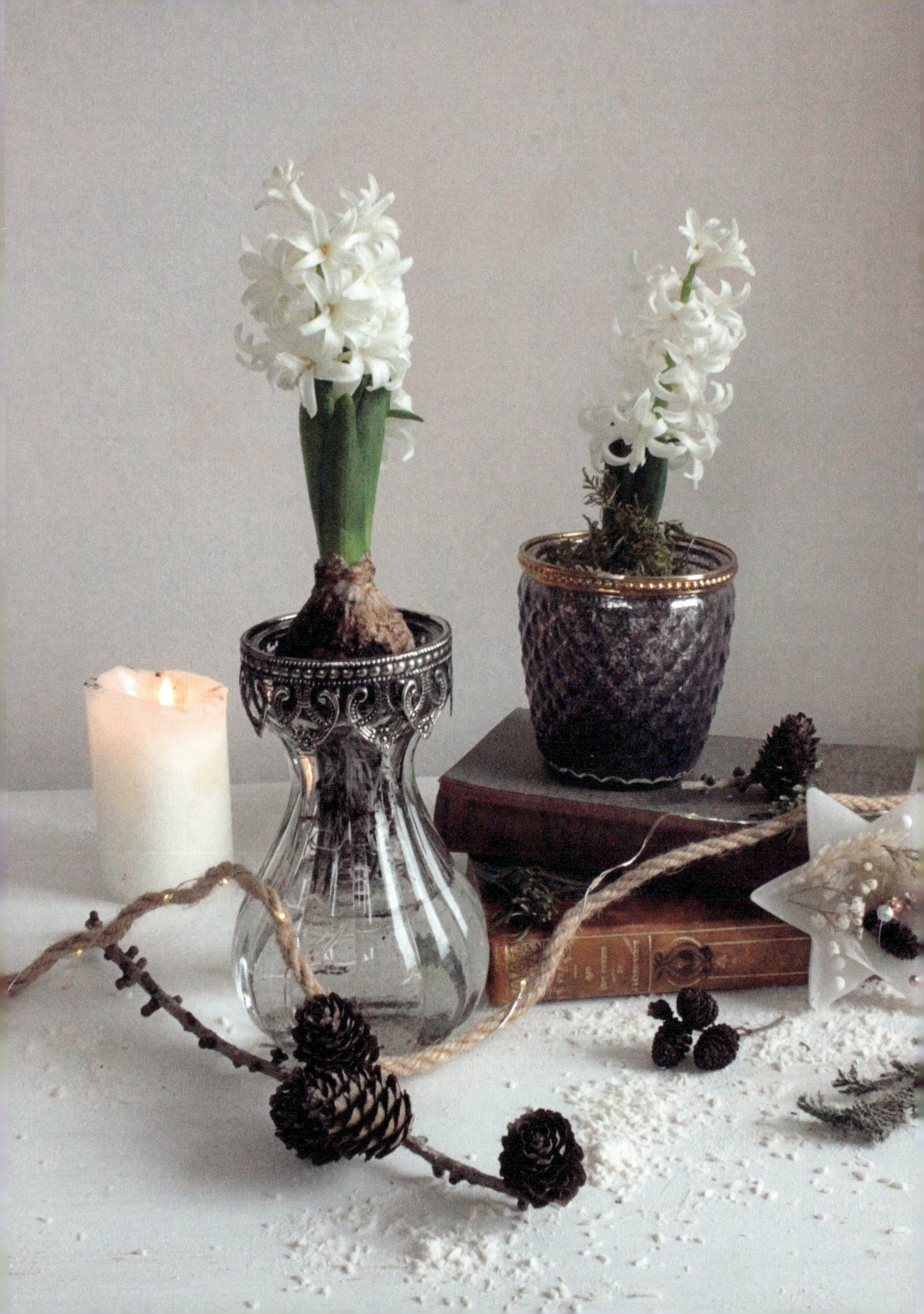

28. NOVEMBER

Hyazinthen

Die duftende Zwiebelblume gelangte ursprünglich aus der Türkei und dem Libanon nach Europa und war zunächst eine kostbare Rarität. Daher wurde sie teuer gehandelt und stand zunächst nur mächtigen und einflussreichen Menschen zu.

Auch heute noch kennen wir die Hyazinthe als ersten Boten des Frühlings. Doch es gibt einen Brauch, sie eben wegen ihrer hoffnungsvollen Ausstrahlung zu Weihnachten zu verschenken. Weniger bunt blühend, sondern eher in Weiß und winterlichen Farben gehalten, werden sie zu Weihnachten gezogen. Hübsch sehen sie in kleinen Pokalen, aber auch alten Suppenschüsseln mit ein wenig Moos und Tannenzweigen dekoriert aus. Sie verbreiten einen süßlichen warmen Duft und schon Astrid Lindgren beschrieb den weihnachtlichen Duft in ihren Kindergeschichten mit »Tannen, Pfefferkuchen und Hyazinthen«.

Hyazinthen zu Weihnachten selbst ziehen:

1. Erst einmal müssen die Blumenzwiebeln Kälte abbekommen. Sie sollten also bei Frost einige Tage draußen gelagert werden. Dann müssen die Zwiebeln Feuchtigkeit ziehen, dazu legst du sie für ein paar Stunden mit ein wenig handwarmem Wasser in eine Schüssel.

2. Nun kommt die Erde hinzu. Die Blumenzwiebeln werden in luftige Erde eingepflanzt und angegossen. Hat dein Topf keine Löcher, die überschüssiges Wasser ausleiten, fülle ein wenig Tonsubstrat unten in das Gefäß. Wenn du eine Hyazinthenvasen verwendest, kannst du der Hyzinthe beim Wachsen zuschauen. Die Wurzeln bahnen sich selbst den Weg zu ihrer Wasserversorgung. Wechsle das Wasser regelmäßig. Die Zwiebel darf dabei keinen direkten Kontakt mit dem Wasser bekommen, sonst schimmelt sie. Das Vorziehen und Treiben auf dem Hyazinthenglas stammt bereits aus dem 18. Jahrhundert und hat eine lange Tradition.

3. Die Zwiebel benötigt, auch wenn sie nach ein paar Tagen beginnt aus der Erde zu ragen, zunächst noch Dunkelheit. Du kannst sie mit ein wenig Papier abdecken. Forme aus einem Bogen eine Spitztüte und lege diese über die Zwiebel. Der Lichtschutz kann dann abgenommen werden, wenn das Hyazinthenglas komplett durchwurzelt ist oder wenn die Zwiebel bereits drei Wochen im warmen Wohnraum gezogen wird. Gieße sie regelmäßig und stelle sie an einen warmen Fensterplatz – dann blüht deine Hyazinthe innerhalb von vier bis sechs Wochen.

29. NOVEMBER

Geschenkverpackung

Geschenke verpacken ist für viele von uns eine wichtige Aufgabe, und ich genieße es jedes Jahr aufs Neue, das Päckchenpacken zu zelebrieren. Vielleicht kannst du dir ja auch Zeit nehmen, es dir mit Kerzen und Weihnachtsmusik gemütlich machen und dir vorstellen, wie es sich wohl für deine Lieben anfühlen wird, dein Paket in den Händen zu halten.

Der Umwelt zuliebe benutze ich Materialien, die wiederverwendet werden können oder recycelt sind. Besonders Mulltücher oder schöne Geschirrtücher können im Haushalt Verwendung finden oder aber wieder gewaschen, gebügelt und erneut als Geschenkverpackung verwendet werden. Vielleicht hast du aber auch von einem Nähprojekt schönen schlichten Stoff übrig, den du für diese Idee nehmen kannst.

Was du für diese Verpackungsidee brauchst:

- **Stoffreste wie Leinenstoffe, Jute oder Mulltücher**
- **Birkenzweige, Zypressenzweige**
- **Band oder Juteschnur**
- **kleine Glöckchen**
- **braunen Myrthendraht**

Und so geht's:

1. Die Pakete werden eingeschlagen. Verwende zum Fixieren die Juteschnur.

2. Auf der Oberseite binde einen serviettenringgroßen, dünnen Kranz aus den Birkenzweigen. Um den gewundenen Zweigkranz zu fixieren, umwickle ihn mit dünnem braunem Myrthendraht. Dieser nimmt sich von der Farbe schön zurück und ist dadurch als Hilfsmittel unauffällig.
Das Kränzchen wird einfach auf den Knoten des Pakets gelegt und festgebunden.

3. Damit die Kränzchen nun hübsch dekoriert sind, fädle noch kleine Metallglöckchen aus dem Bastelbedarf auf. Mit einer Schleife werden diese fixiert.

4. Die zarten Zypressenzweige kannst du nun wunderbar in das Kränzchen stecken.

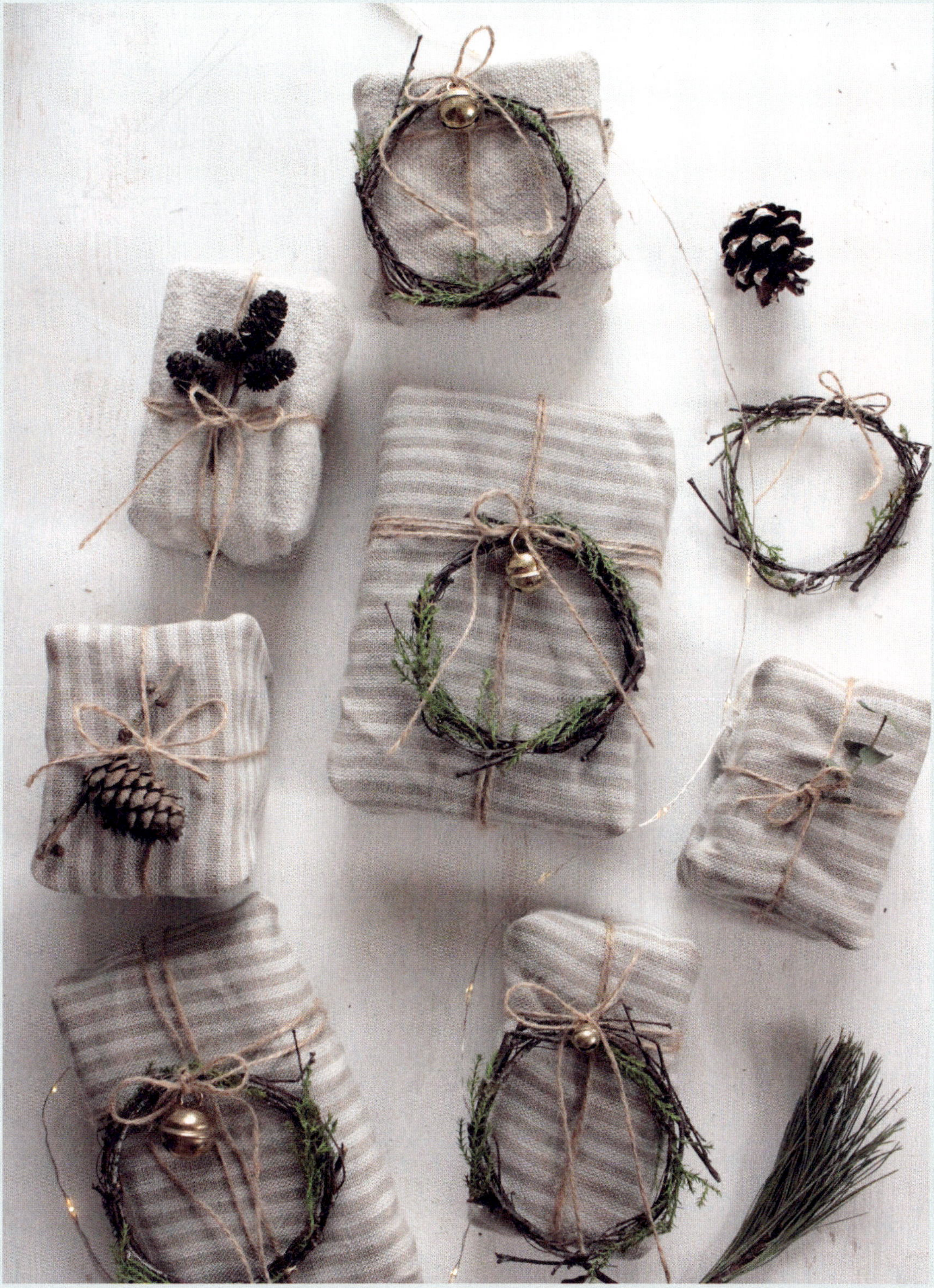

30. NOVEMBER

Winterpunsch

Die Adventszeit ist erfüllt von Weihnachtsmärkten und warmen, würzig duftenden Getränken. Ich selbst liebe es, den Winterpunsch nicht nur fertig zu kaufen, sondern aus selbst ausgewählten Zutaten zuzubereiten. Alleine das Arbeiten mit den frischen Orangen, Tannenzweigen und Zimtstangen bereitet weihnachtliche Vorfreude und regt dazu an, das Rezept immer weiter nach Geschmacksvorlieben und mit winterlichen Duftnoten zu verfeinern. Bei der Wahl der Zutaten achte ich auf spritzmittelfreien Anbau, sodass die Schalen von Orangen verzehrbar sind und auch die Säfte regional hergestellt werden.

Was du für deinen Winterpunsch brauchst:

- **einen Kochtopf**
- **ein Nudelsieb zum Abgießen der groben Zutaten**
- **2 Orangen ungespritzt**
- **0,5 l Johannisbeersaft**
- **0,5 l Apfelsaft**
- **einen kleinen Tannen- oder jungen Pinienzweig**
- **Honig**
- **Zimtstange**
- **Lorbeerblatt**
- **Gewürznelken und, wer mag, 2 Anissterne**

Zubereitung

1. Zunächst wird mit 0,5 l Wasser, 0,5 l Johannisbeersaft und 0,5 l Apfelsaft der Topf befüllt. Die Scheiben von zwei ganzen Orangen werden hinzugegeben und in den Saft gelegt.

2. Ein Lorbeerblatt, ein kleiner Tannenzweig und 1-2 Zimtstangen sorgen für den winterlichen und typischen Punschgeschmack. Verfeinert wird der Sud mit 3-4 Gewürznelken, und wer möchte, kann 1-2 Anissterne mit auskochen.

3. Der Punsch wird nun einmal hochgekocht und dann auf eine niedrigere Stufe gestellt. Auf dieser dürfen die Zutaten in dem heißen Saft 20-30 Minuten ziehen und ihren Geschmack abgeben.

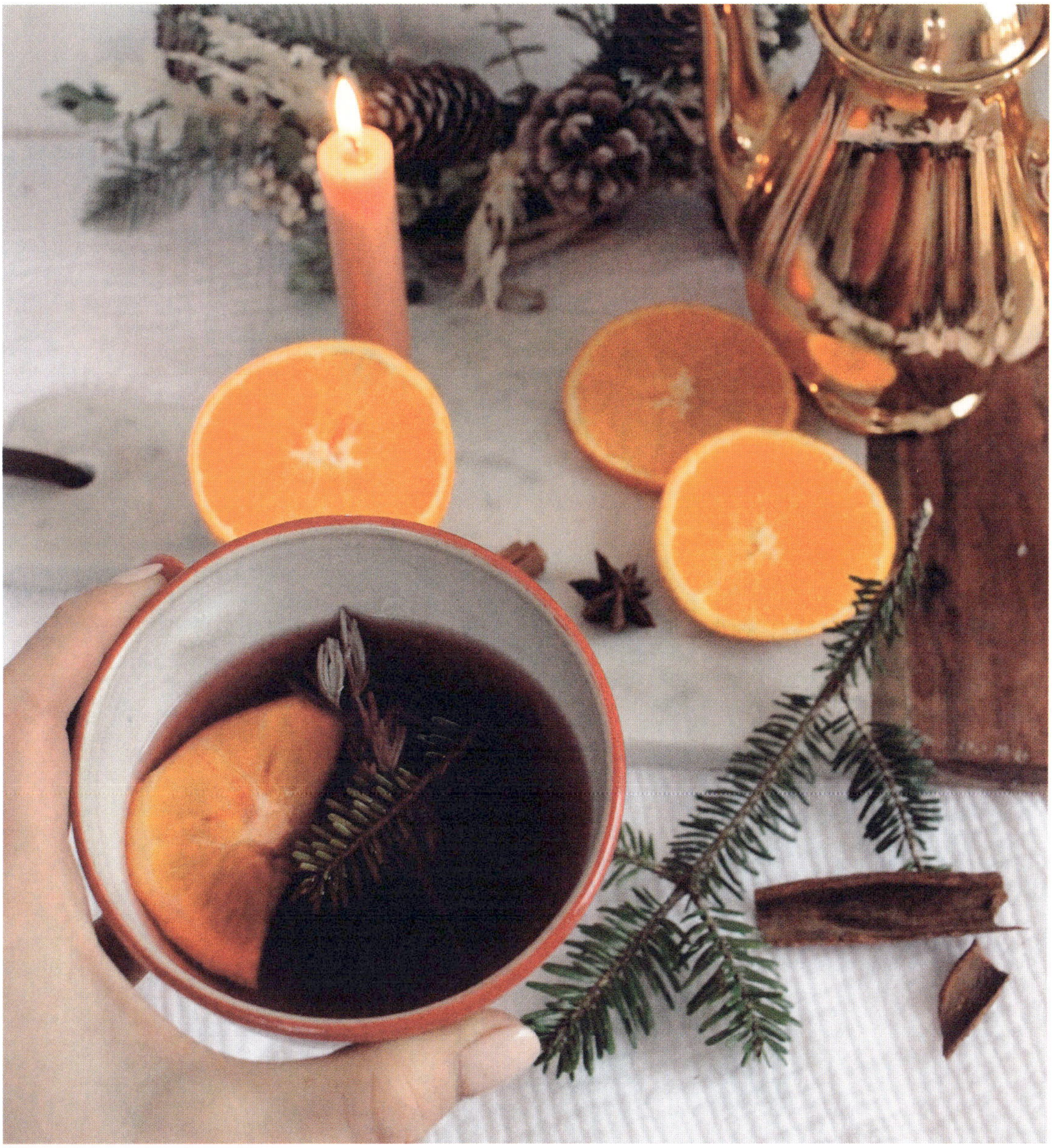

Für die abschließende Süße können 2 TL Honig zum Punsch hinzugegeben werden. Hier kann man gerne je nach Wunsch und Süße variieren.

4. Mithilfe des Nudelsiebs werden die groben Zutaten abgegossen und der Punsch in eine Teekanne oder einen hitzebeständigen Krug gefüllt. Fertig ist die stimmungsvoll duftende Punschzeit.

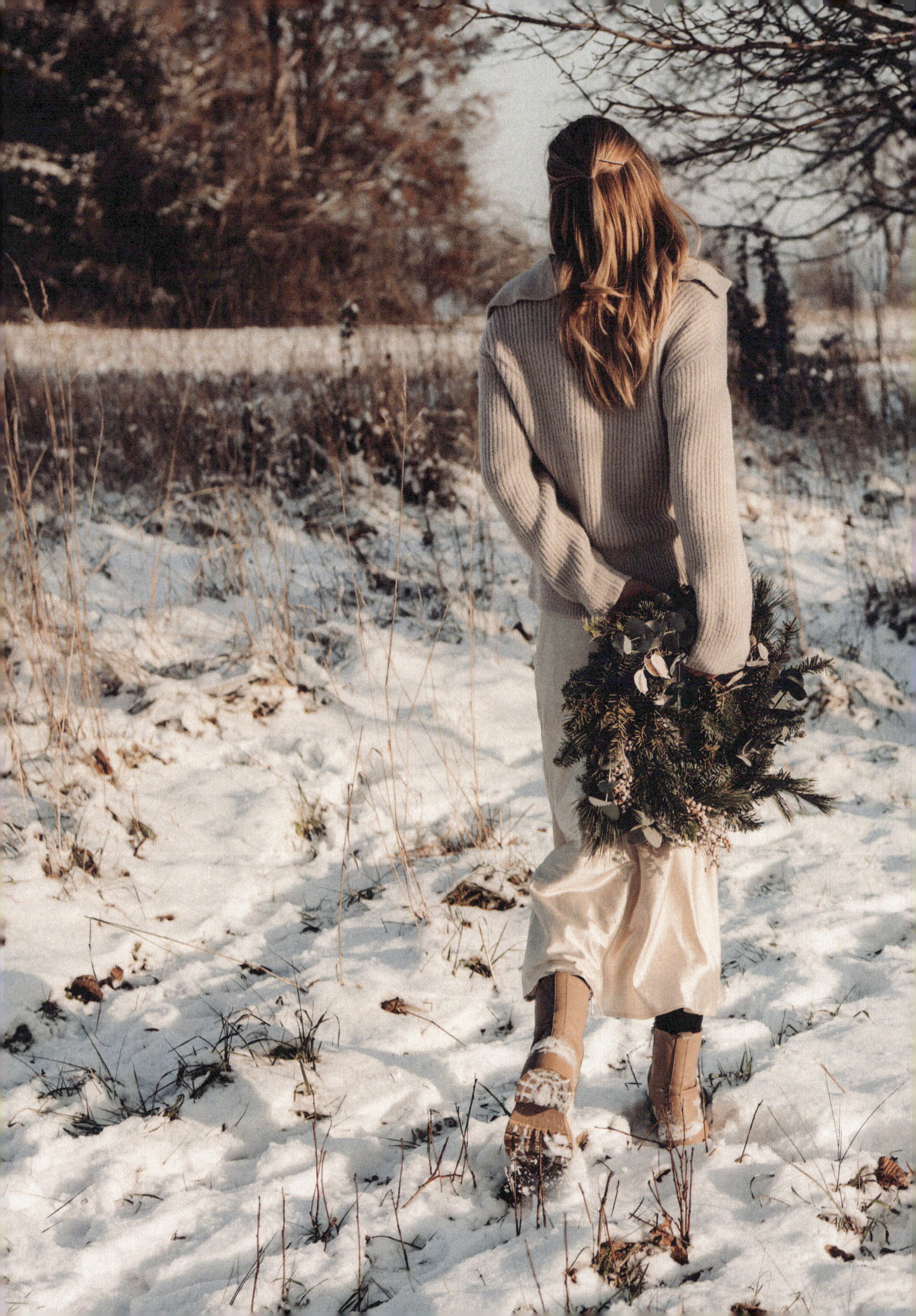

Dezember

ES BEGINNT DIE ZEIT VON
LEUCHTENDER ERWARTUNG
UND GLITZERNDER VORFREUDE

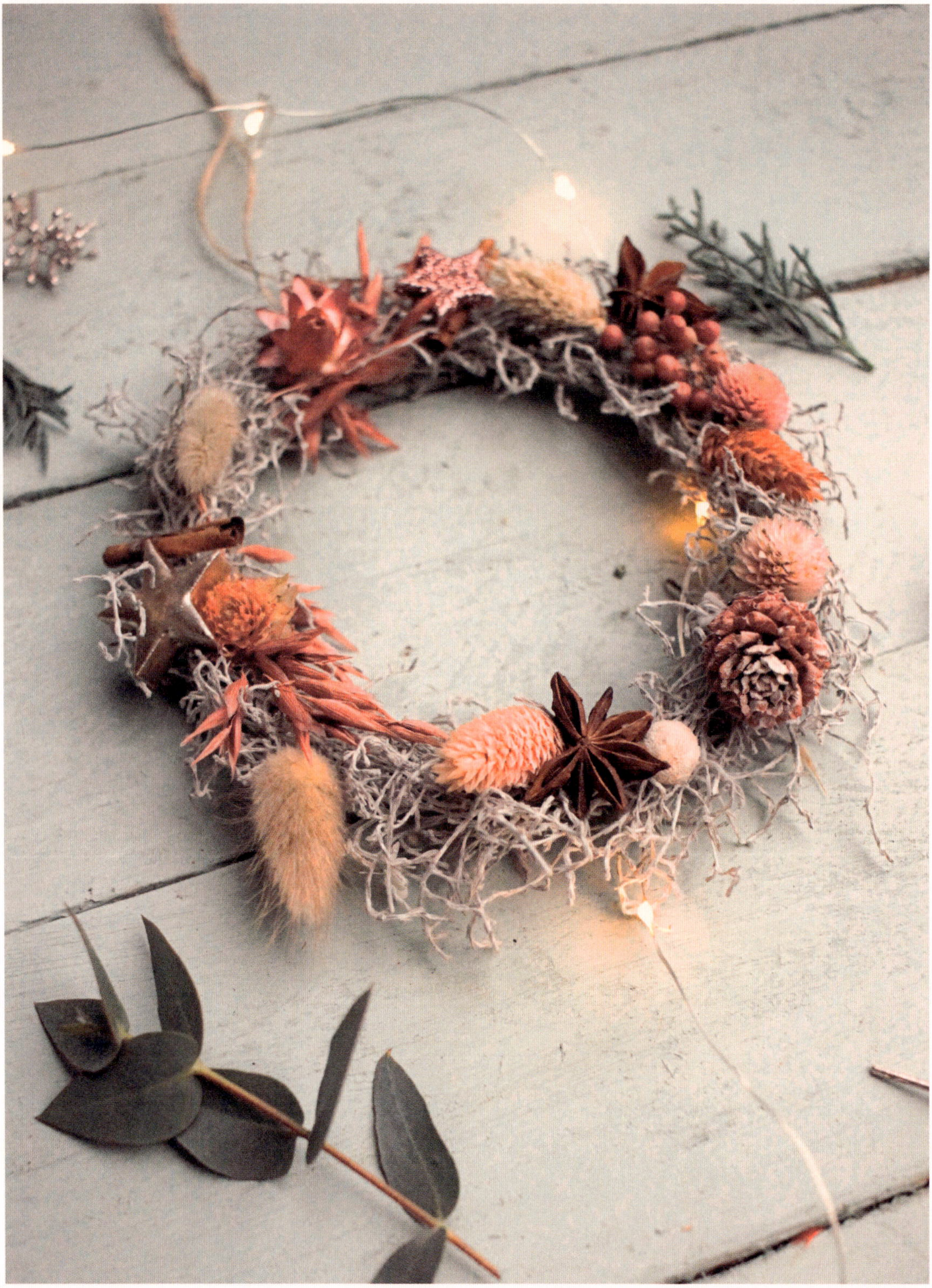

1. DEZEMBER

Kleines Winterkränzchen

Wir starten den Dezember mit einem kleinen gebundenen Winterkranz, mit dem du dein Zuhause dekorieren kannst. Er ist aber auch ein schönes Gastgeschenk für eine Einladung zum Adventstee.

Was du für dein Winterkränzchen brauchst:

- **einen Metallring mit 15–20 cm Durchmesser**
- **dünnen Myrthendraht in Weiß oder Silber**
- **Calocephalus (Silberdraht) als Pflanze**
- **Zimstangen, Anissterne**
- **kleine Dekosterne**
- **Trockenblumen wie Lagurusgräser, Hafer in Rosa und Strohblumen**
- **Heißkleber oder Floralkleber**

So kannst du deinen Blumenkranz gestalten:

1. Schneide zunächst von deiner Calocephalus-Pflanze die einzelnen Triebe ab. Sie gleichen einem Drahtgeflecht und eignen sich gut als Basis für unseren Kranz. Um deine Pflanze zu schonen, ernte nur so viel, dass du sie noch weiter als dekorative Topfpflanze pflegen kannst.

2. Mithilfe des dünnen Myrthendrahtes wird nun der Metallreif mit Calocephalus umwickelt. Achte hierbei darauf, nicht zu viel Draht zu verwenden, damit dieser nicht zu sehr in den Vordergrund tritt.

3. Mithilfe von Heißkleber oder Floralkleber können nun die hübschen Akzente wie Strohblumen, schmale Zimtstangen und Sterne auf dem Kranz befestigt werden. Die Zweige der Calocephalus-Pflanze trocknen ein und behalten ihre silbergraue Farbe, sodass dir dein Kranz lange Freude bereiten kann.

2. DEZEMBER

Zarte Lichtergirlande

Lichtspiele mit Kerzengläsern, Teelichthaltern und Lichterketten sind in der Weihnachtszeit für eine gemütliche Stimmung unverzichtbar. So kannst du deine eigene kleine Lichtergirlande binden und die blumigen Materialien liebevoll umspielen und leuchten lassen.

Was du für deine Lichtergirlande brauchst:

- **eine aufladbare oder solarbetriebene Lichterkette mit warmweißen LED-Lichtern**
- **Trockenblumen wie Hortensie, Ruskus, Lagurus und Pampasgras**
- **gesammelte Gräser**
- **Arizonica- und Zypressenzweige**
- **Gartenschere**
- **dünnen Myrthendraht**

Und so geht's:

1. Die Lichterkette ist die Grundlage für deine Girlande. Zunächst teilst du deine Zweige und Blumen in kleine Teile, sodass du eine zarte und filigrane Blumengirlande binden kannst. Breite die Materialien auf deinem Arbeitsplatz aus.

2. Mithilfe des Myrthendrahtes bindest du deine Blumenmaterialien zart und filigran auf den Strang deiner Lichterkette. 1–2 Umwindungen genügen, um die kleinen Halme zu befestigen. Arbeite schuppenförmig und lege die Blütenteile überlappend nach und nach an.

3. Achte bei der Verteilung auf eine schöne Durchmischung der Farben und Materialien. Am Ende angekommen, wickle deinen Draht fest und schneide ihn ab. Deine Lichtergirlande kommt an einem Fenster oder über deinem Leseplatz wunderschön zur Geltung.

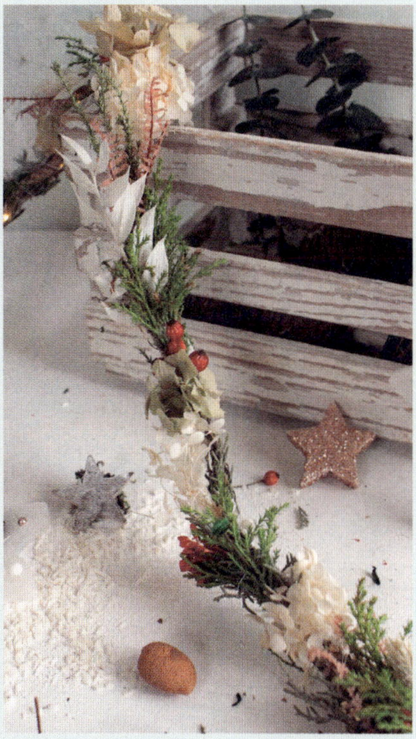

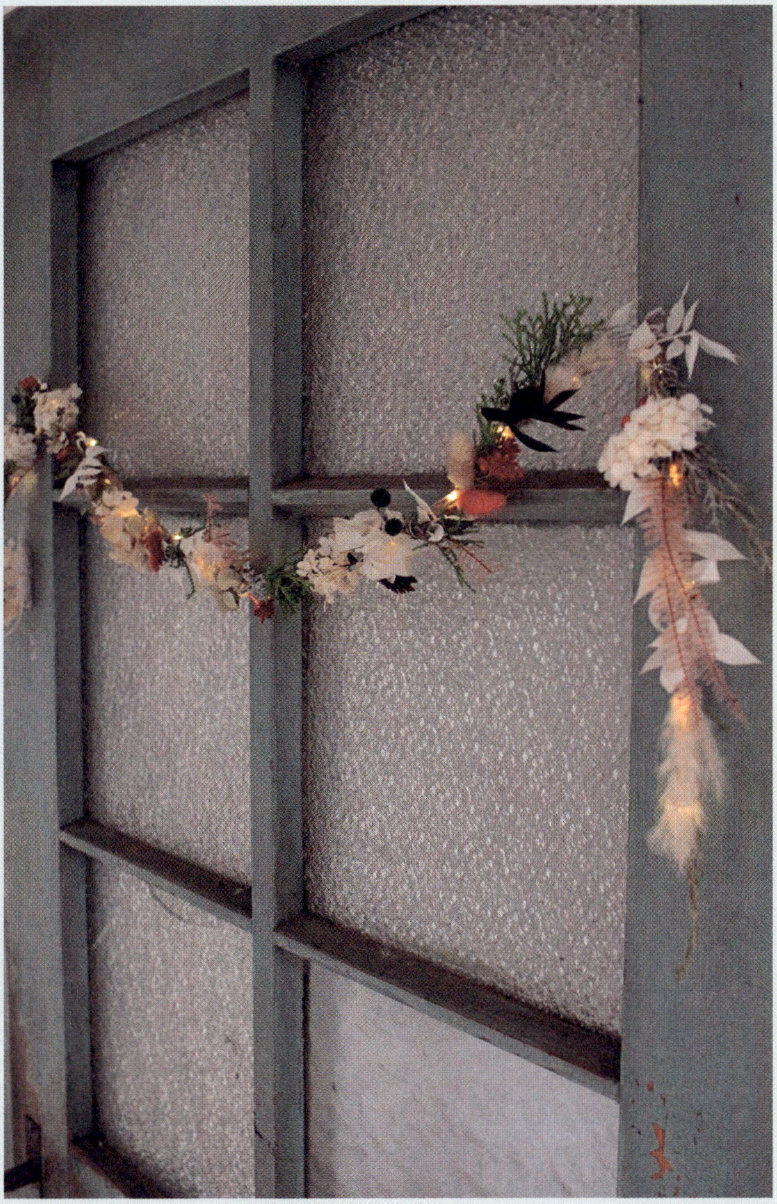

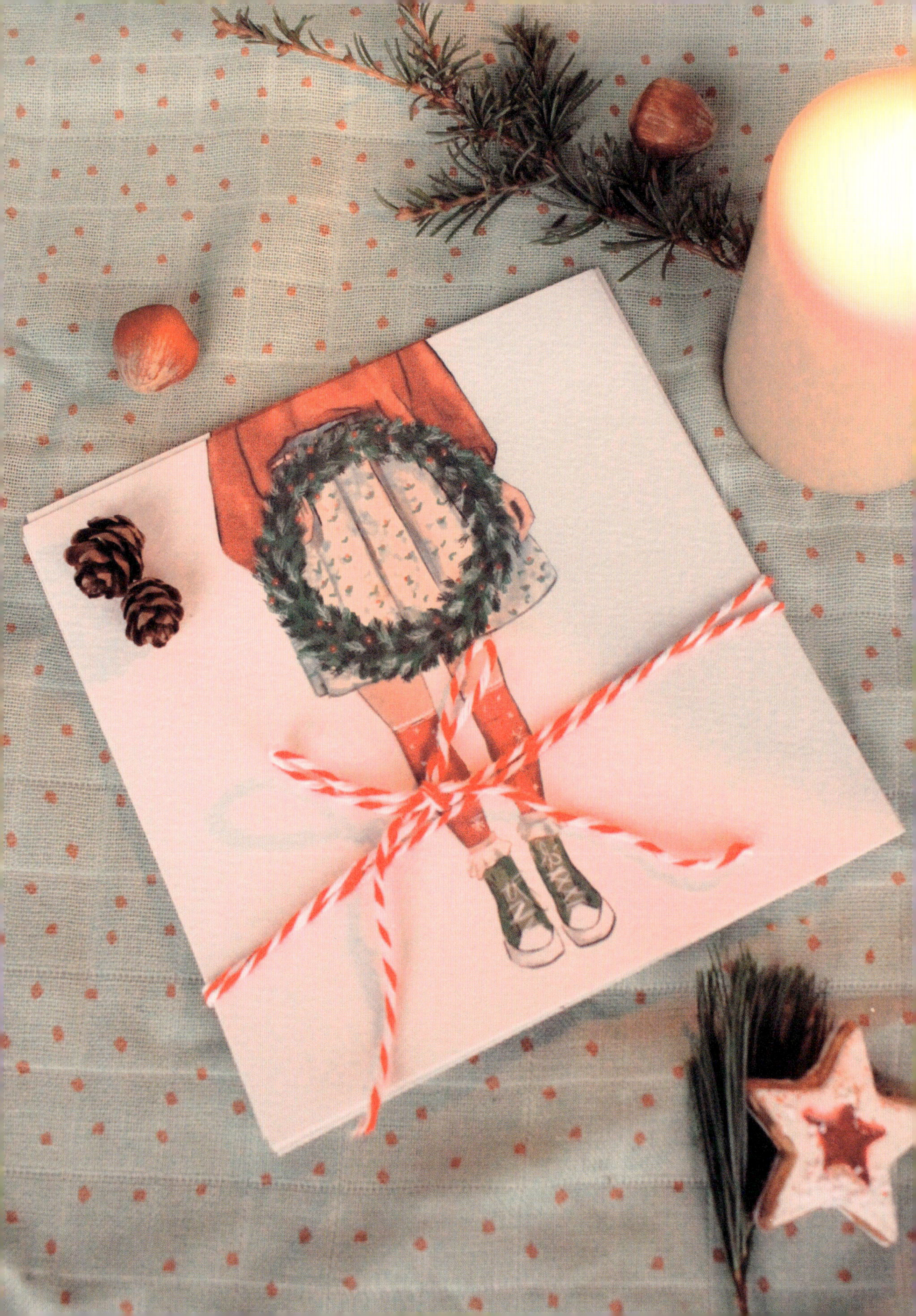

3. DEZEMBER

Weihnachtsbriefe

Weihnachtsbriefe

Ein winterrauer blauer Morgen
lauert draußen vor den Fensterscheiben.
Ich träume zugleich von Schlittenfahren und entscheide mich
aber fürs Briefeschreiben.

Die Wohnung duftet nach Zimt und Mandarinen,
in der Küche steht noch die Schale mit Kandiszucker und Rosinen.
Ich laufe barfuß durch den Raum und genieße diese Winterstille,
blicke nach draußen, eine Natur voller Schlichtheit
und ein Zuhause der Sicherheit und Fülle.

Wie oft vergessen wir,
wir sind umsorgt, uns geht es gut.
Und kleine Wunder tänzeln durch den Raum,
bald schon steht in der leeren Zimmerecke
ein lichterfüllter Tannenbaum.

Eisesstille, die Welt wurde geküsst von Väterchen Frost,
und ich hoffe, du freust dich, wenn du das hier liest,
über einen kalten Briefkasten voller warmer Weihnachtspost.

4. DEZEMBER

Barbaratag

Am Barbaratag ist es Brauch, Blütenzweige von Obstgehölzen zu schneiden und in die warmen Zimmer unserer Wohnung zu stellen. Kirsche-, Apfel- oder Mandelbäumchen eignen sich hierfür sehr gut, aber auch Forsythienzweige können geschnitten werden. Blühen die Zweige zu Weihnachten auf, so steht das dem Brauch nach für Segen und Wunscherfüllung im kommenden Jahr.

Die Zweige sollten nach einer Witterungsphase mit Kälte und Frost mit einer Gartenschere geschnitten werden. Kommen die sie danach in eine warme Umgebung, suggeriert ihnen das die Zeit des Frühlingserwachens.
Schlage die Stilenden der Zweige mithilfe eines Hammers etwas an oder ritze sie mit einem Küchenmesser ein. Die Leitungsbahnen der Gehölze sitzen in den Rindenschichten und so kannst du sie freilegen.

Stelle deine Zweige nicht zu warm oder in die Nähe eines Ofens, da sie dort austrocknen können. Wenn du sie mit Wasser besprühst, simulierst du für sie einen Frühlingsregen. Platziere sie dann in einem hübschen Krug oder einer Vase mit lauwarmem Wasser am Fenster und wecke sie aus dem Winterschlaf.

Du möchtest dieser Tradition noch eine besondere Note hinzufügen? Dann befestige doch an jedem Zweig einen kleinen Wunschzettel mithilfe einer Schnur. Der Wunsch, der von einem Zweig getragen wird, welcher am Heiligabend aufblüht, soll der Tradition nach im kommenden Jahr in Erfüllung gehen.

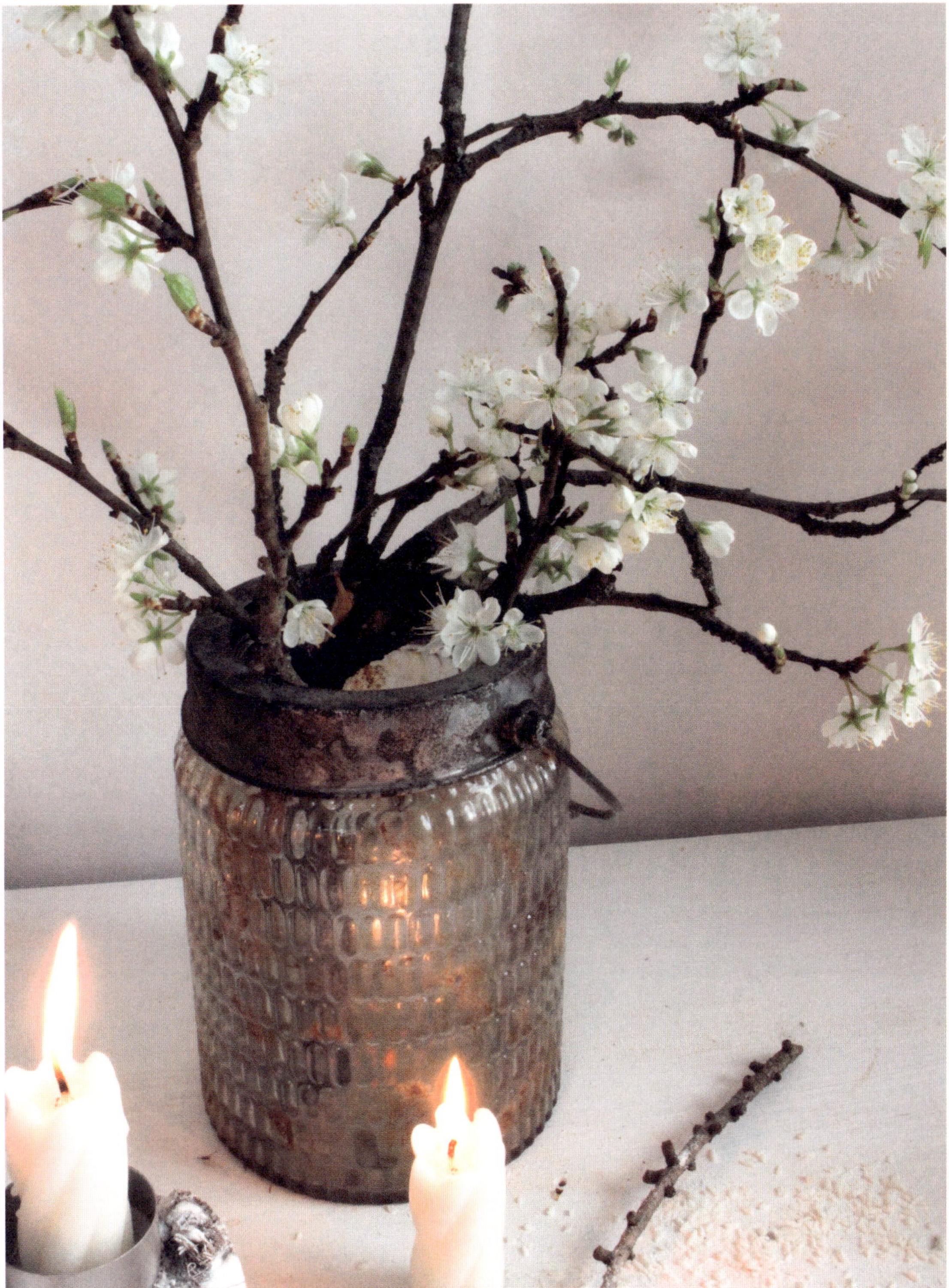

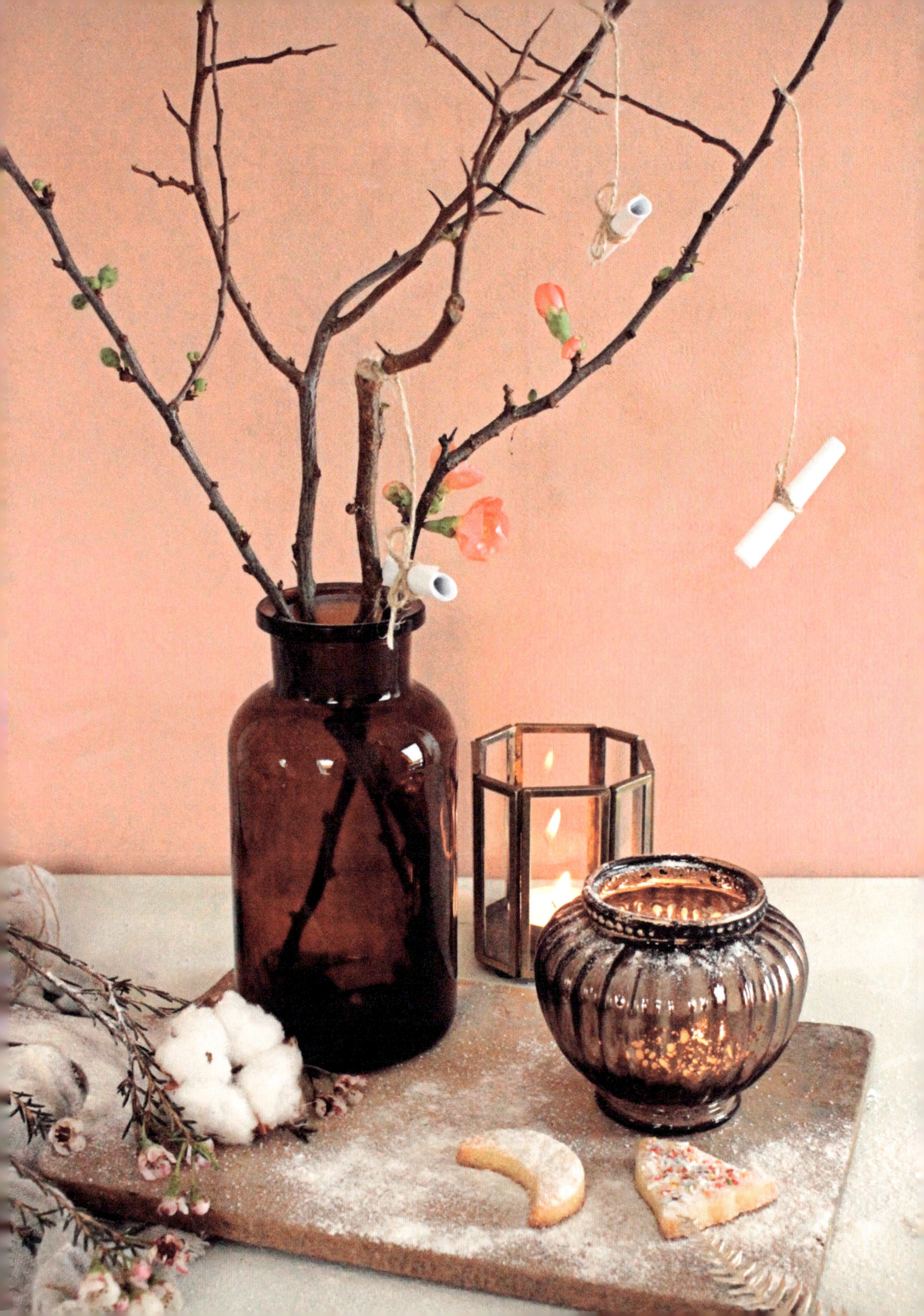

Auch Blütenzweige haben in der viktorianischen Blumensprache ihre Bedeutung: So steht zum Beispiel der Apfelblütenzweig für persönliche Vorlieben, die Kirschblüte aber für die Vergänglichkeit.

Blütenzweige und ihre Bedeutung:

- Apfelblüte – Vorliebe
- Kirschblüte – Vergänglichkeit
- Quitte – Versuchung
- Mandelblüte – Indiskretion
- Forsythie – Ahnung
- Hamamelis – Ein Zauberwort

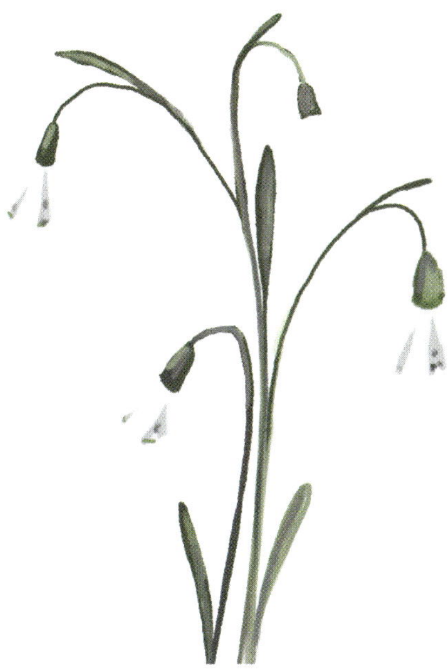

5. DEZEMBER

Illustration Wintertasse

Du wolltest schon immer mal selbst illustrieren oder hast schon öfters gemalt? Egal ob Anfänger oder Alltagsmaler: Gerade in der Winterzeit ist das Illustrieren und Gestalten von kleinen gemalten Stimmungswelten für mich eine willkommene Auszeit.

Als einfaches Motiv darfst du zunächst an deinen Schrank gehen und deine liebste Wintertasse aussuchen.

Was du für deine Illustration brauchst:

- **Bleistift**
- **Aquarellfarben oder Wasserfarben**
- **Fineliner in Schwarz**
- **Gelstift in Weiß oder Deckweiß**
- **Feinhaarpinsel**
- **Wasserglas**
- **Aquarellkarton oder Tonkarton in weiß**

Und so wirst du zum Winterzeit-Künstler:

1. Richte dir deinen Arbeitsplatz her. Zünde dir eine Kerze an, stelle dir deine Tasse als Motiv zurecht.

2. Zeichne zunächst ganz zart und mit wenig Druck die Umrisse deiner Tasse mit Bleistift. Vielleicht möchtest du bereits einige Linien und Muster aufgreifen, wenn sie bemalt ist. Lass dir Zeit und versuche, den Prozess zu genießen. Wenn du bereits häufiger gemalt hast, dann kannst du die Tasse mit Weihnachtsleckereien füllen. Vielleicht steigt auch ein Duft auf und kleine Orangenstücke oder Teeblätter tanzen schwerelos über deiner Tasse. Lasse deiner Fantasie freien Lauf und gestalte das Grundmotiv deines Adventsbildes.

3. Befeuchte nun deinen Pinsel und fülle die Flächen, welche du einfärben möchtest, mit Wasser. Verteile das Wasser so auf deinem Motiv, dass du Flächen frei lässt, die hell hervorgehoben und nicht von Farbe eingenommen werden sollen.
Nun kannst du die Farbe fließen lassen. Nimm mit dem Pinsel Farbe auf und setze diesen auf das befeuchtete Papier. Das Schöne an der Aquarellmalerei ist, dass sie eine wundervolle Unkontrollierbarkeit mit sich bringt. Lass also deinen Perfektionismus los.

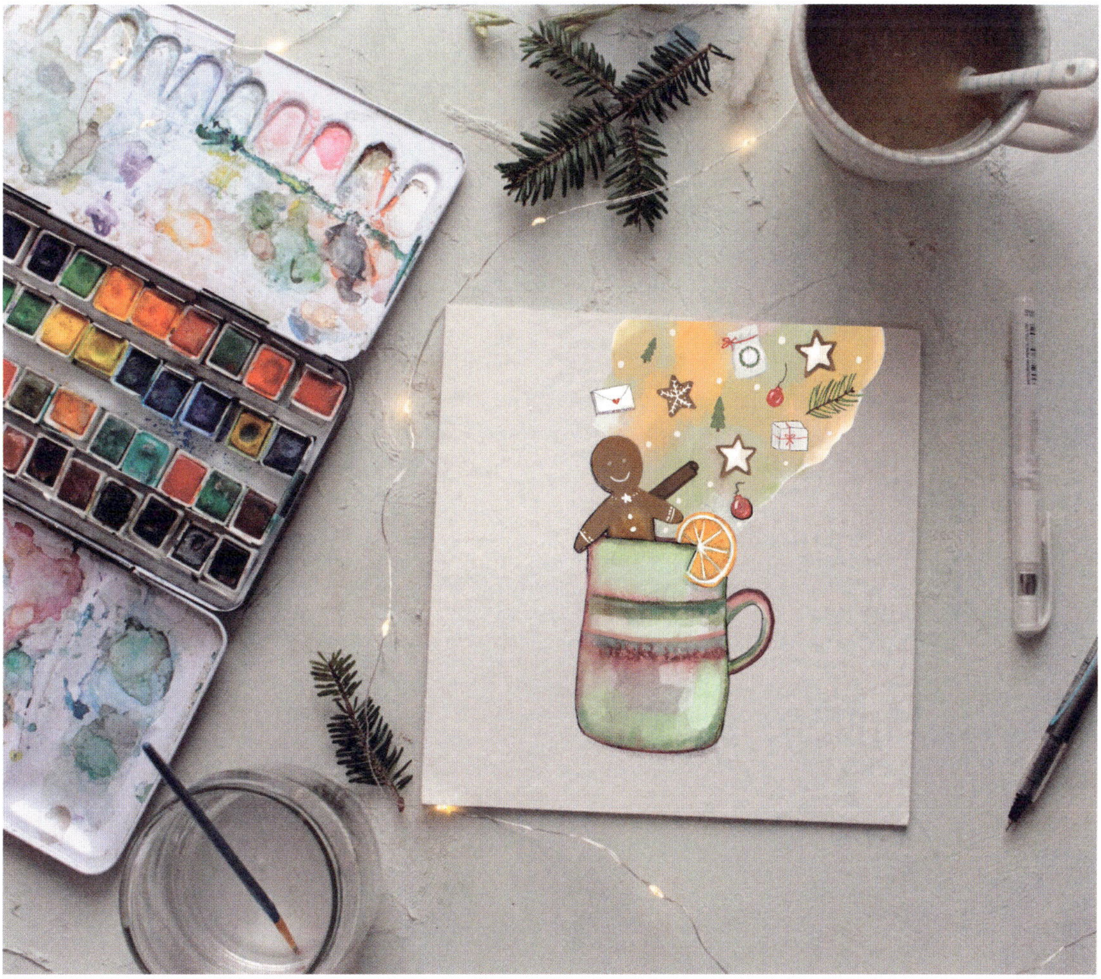

4. Lass dein Bild immer wieder trocknen und arbeite in Schritten. Du kannst auch über mehrere Tage an deiner Illustration weiterarbeiten. Wenn dein Bild ganz getrocknet ist und du nicht mehr mit Wasser arbeiten möchtest, kannst du mithilfe des Feinliners zarte Linien und Konturen setzen, die dein Bild definieren. Wenn du am Ende besondere Highlights setzen möchtest, kannst du mit dem weißen Gelstift Lichter setzen und Glanzstellen betonen.

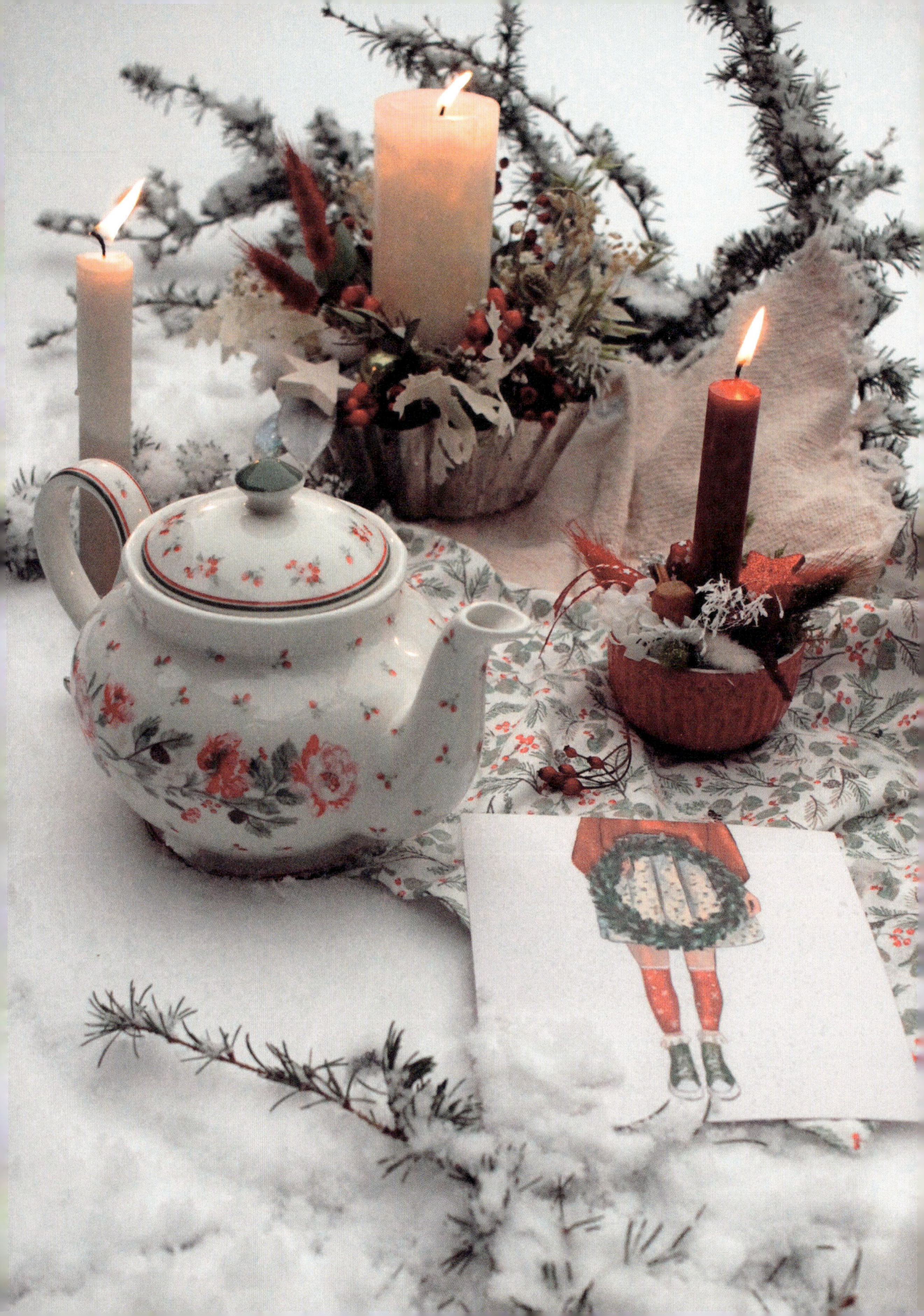

6. DEZEMBER

Nikolaustag

Morgengrauen, Lieblingsdunkelheit.
Erfüllt mit Erwartung, Mandarinenduft und Kindheit.
Ich stelle meinen Schuh hinaus.
Jedes Jahr wird er ein bisschen größer,
jedes Jahr passt ein wenig mehr hinein,
wie aufregend es sein muss,
Nikolaus zu sein.

Fußstapfen auf dem eingeschneiten Balkon,
sehr große, und ich dachte,
ich wachse niemals dort hinein.
Wie wunderschön, dass Entzaubertes
immer verzaubert bleiben wird,
egal wie erwachsen oder wie kinderklein.

Meine Schuhe wachsen nicht mehr,
ich bin schon lange groß.
Und überlege heute selbst,
mit welchen Gedanken ich die Schuhe fülle.
Und schenke dir,
über die Distanz hinweg,
ein wenig Lieblingsdunkelheit, Freude
und erwartungsvolle Winterstille.

7. DEZEMBER

Orangenanhänger

Diese liebevollen kleinen Anhänger für deinen Weihnachtsbaum oder hübsch verpackte Geschenke kannst du ganz einfach selbst gestalten.

Was du für deine Orangenanhänger brauchst:

- **Orangen**
- **Backpapier**
- **ein scharfes Küchenmesser**
- **Juteschnur**
- **helle getrocknete Zweige wie Ruskus**
- **Holzperlen in Natur oder Weiß**

Und so geht's:

1. Schneide die Orangen in dünne, ca. 1 cm dicke Scheiben und breite diese auf Backpapier aus. Fange die Feuchtigkeit, die beim Schneiden austritt, mit einem Tuch auf, damit die Scheiben besser trocknen können. Du kannst sie auf niedriger Stufe bei ca. 100 Grad für 2 Stunden im Backofen trocknen. Sie trocknen aber auch, wenn sie für mehrere Tage an einen trockenen und warmen Ort gelegt werden, zum Beispiel in die Nähe eines Ofens. Wende sie regelmäßig, sodass sie sich nicht aufrollen können beim Trocknen und von beiden Seiten schön werden.

2. Wenn die Scheiben getrocknet sind, kannst du mithilfe einer Nadel oder eines Drahtes ein kleines Loch zum Durchfädeln der Juteschnur bohren. Oberhalb der Orangenscheibe kannst du einen Trockenblumenzweig wie zum Beispiel Ruskus oder Eukalyptus anlegen und mit der Schnur festknoten.

3. Zum Abschluss kannst du noch ein oder zwei Perlen auf die Schnur auffädeln und das Band mit einem Überhandknoten versehen. Fertig ist dein hübscher und natürlicher Tannenbaumschmuck.

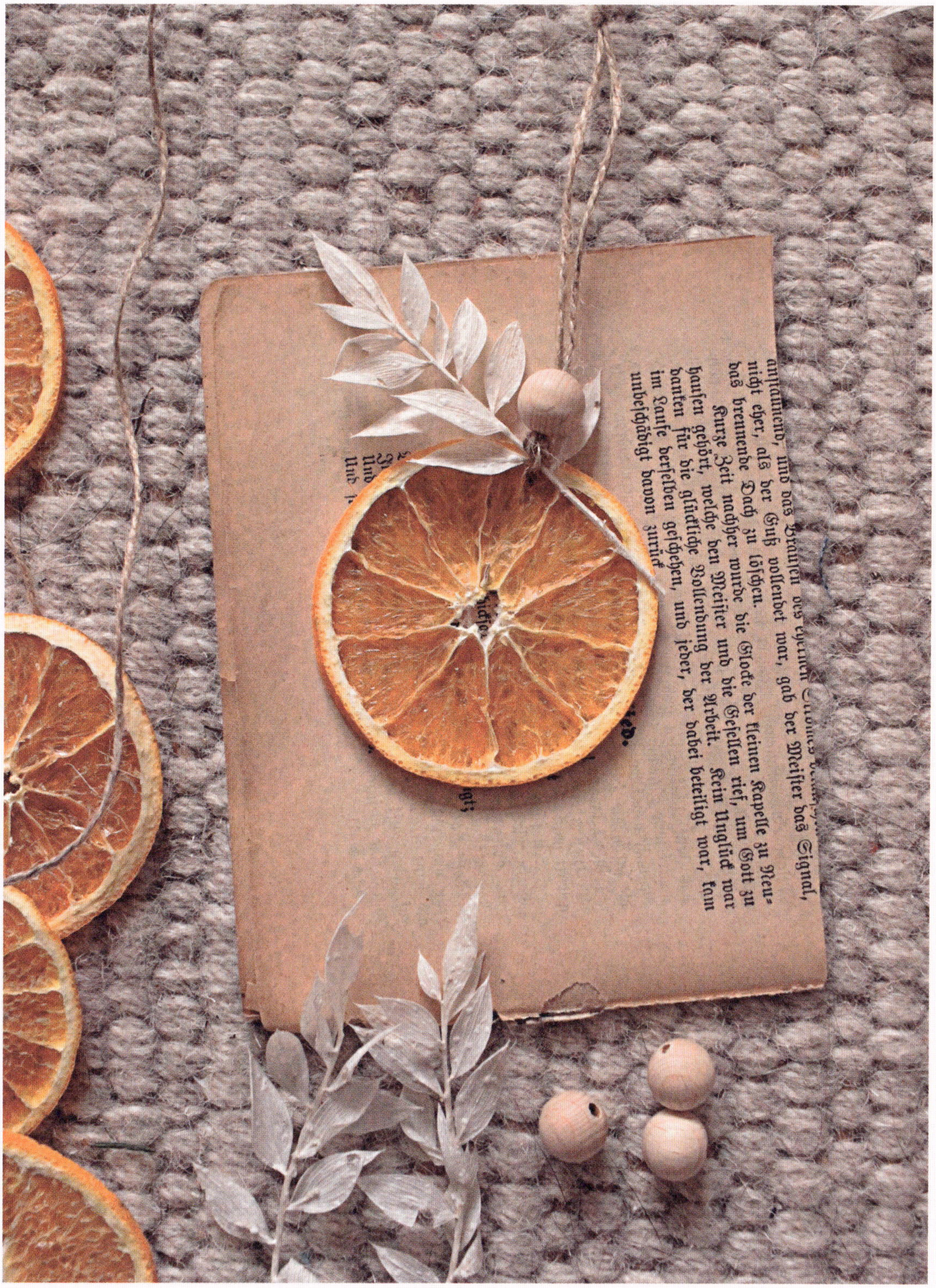

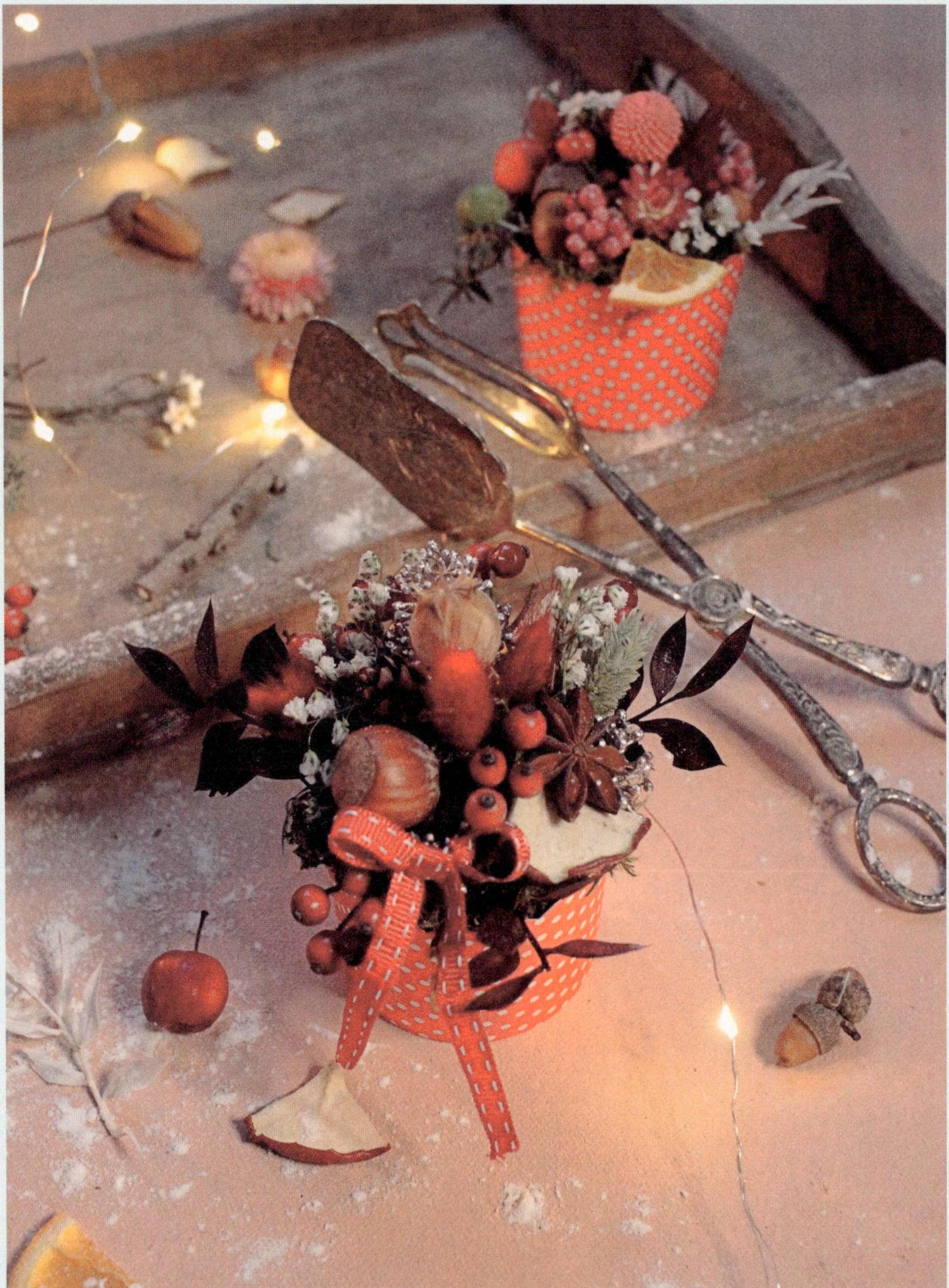

8. DEZEMBER

Floraler Cupcake

Florale Cupcakes sind zu einer blumigen Spezialität in unserem Blumenladen geworden. Sie sind zwar nicht essbar, aber hübsche kleine Freudenbringer zum Dekorieren und Verschenken.

Was du für deine floralen Cupcakes brauchst:

- **Papiermuffinform in weihnachtlichem Rot**
- **Moos (achte hierbei auf die Herkunft vom Floristen oder Gärtner, Moos steht unter Naturschutz)**
- **getrocknete Blumen in Rot (Lagurus, Achillea, rote Mohnkapseln, Strohblumen)**
- **kleine Hagebutten**
- **Apfelscheiben, getrocknet und in Stücke geschnitten**
- **Eicheln, kleine Zapfen, Nüsse**
- **Heißkleber**

Und so geht's:

1. Forme einen Ball aus dem Moos und stecke ihn fest in die Papiermuffinform. Achte dabei darauf, dass das Moos trocken ist.

2. Stecke die Floralien vorsichtig in das Moos, sodass sie gut Halt bekommen. Verteile die Mohnkapseln, Strohblumen und Lagurusgräser, achte dabei darauf, dass die Form nicht zu flach wird, sondern das Gesamtbild schön kuppelförmig wird, so wie bei einem aufgegangenen Muffin.

3. Nun können die Dekorationselemente wie Zapfen und kleine Nüsse, Beeren und Schleifen mithilfe von Heißkleber auf dem Moos und im Blütenbett verteilt werden. Fertig ist dein zuckersüßer floraler Cupcake.

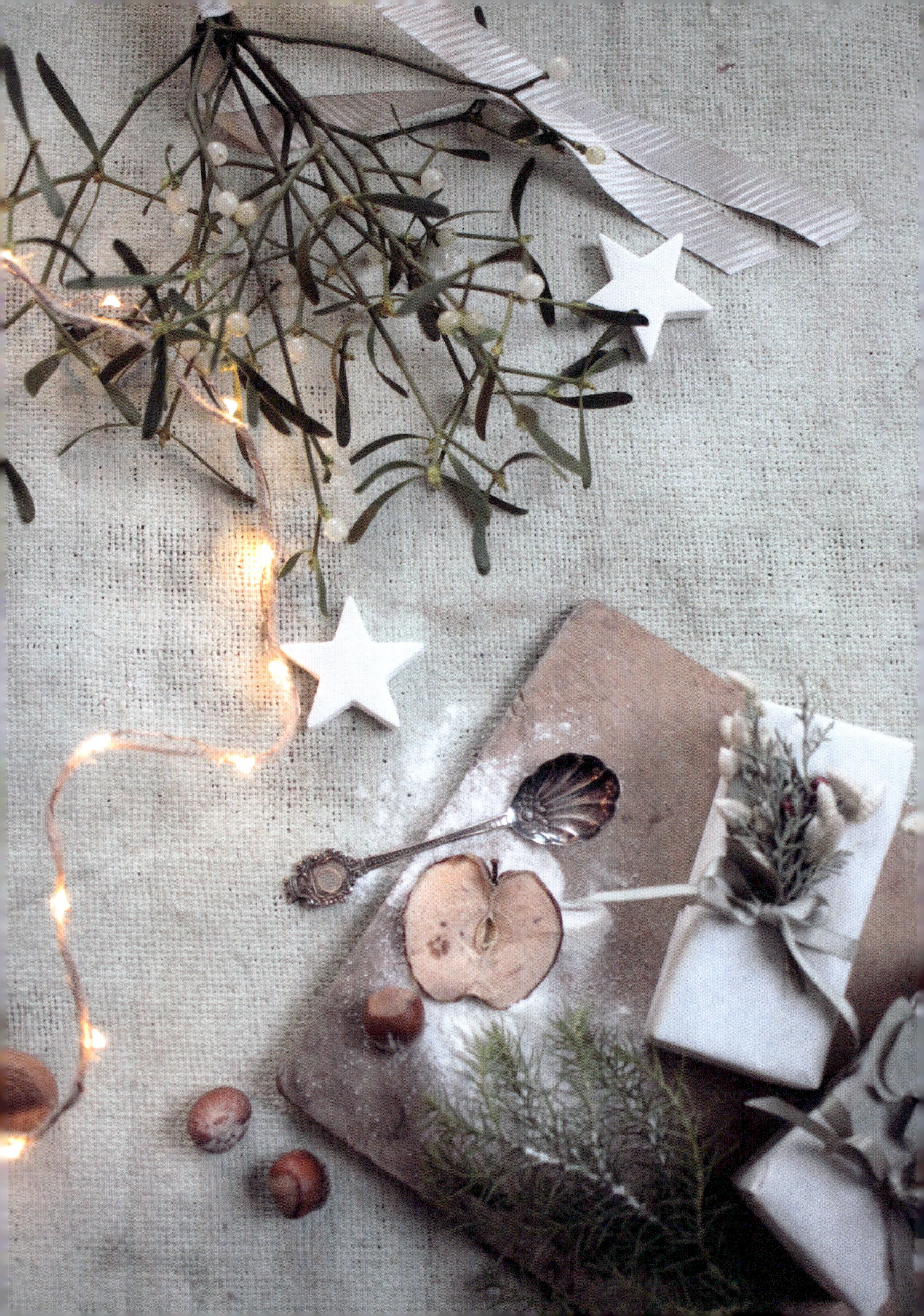

9. DEZEMBER

Mistelzweig

Überall können wir sie zwischen kahlen Obstzweigen und knorrigen Ästen bewundern: prachtvolle, hellgrüne Mistelzweige, manchmal fast kugelförmig gewachsen und mit hellen, zarten und milchigen Beeren bestückt. Die Mistel wächst dicht verzweigt und die Kugeln können bis zu 80 cm Durchmesser erreichen. Wenn wir einen Obstbaumast mit einer Mistel daran erwerben können, halten wir oft diesen für den Mistelzweig. Mit dem Mistelzweig sind aber die kleinen, skelettartigen Verzweigungen selbst gemeint. Der braune, holzige Ast, aus welchem die Mistel herauswächst, ist der Wirtsbaum. Denn was viele nicht wissen: Die Mistel ist eine Halb-Schmarotzerpflanze.

Durch ihre klebrigen, zähen und stark haftenden Beeren, die klebrige Fäden bilden, fixiert die Pflanze ihren Samen auf dem Gehölz anderer Bäume. Der Wirt ist also der Wasser- und Nährstofflieferant für die Mistelpflanze. Die für Menschen giftige Beeren können von Vögeln jedoch gefahrlos verzehrt werden. Durch deren Ausscheidung landet der Samen der Mistel auf den Bäumen, auf welchen sich die Mistelpflanze dann ansiedeln kann.

Viele Mythen und Sagen ranken sich um diese Pflanze und bereits bei den Germanen und Römern wurden ihr Heilkräfte nachgesagt. Heute zählt sie zu den Naturheilkräutern, ihre Blätter sollen bei Kreislaufbeschwerden und Herzrhythmusstörungen helfen. Auch in Märchen wird der Mistel Zauberkraft zugesprochen.

In der viktorianischen Blumensprache drückte man mit der Mistel aus: »Ich überwinde alle Hindernisse«. Sie steht für Mut, Hoffnung, Fruchtbarkeit und Leben, was beim bloßen Ansehen der leuchtend grünen Zweige inmitten der Winterkälte begreifbar wird.

Vielleicht führte all diese Mystik oder auch ihre Bedeutung der Kühnheit und Unsterblichkeit zu der englischen Tradition, die es erlaubte, seine Liebste oder seinen Liebsten unter dem Mistelzweig zu küssen. Denn was gibt es Zauberhafteres als den Glauben an eine immerwährende und allen Hindernissen trotzende Liebe.

10. DEZEMBER

Mary Poppins feiert Weihnachten

Jedes Jahr zur Adventszeit bereiten wir in unserem Blumenladen verschiedene Themenbereiche vor. Natürlich dürfen die klassischen Weihnachtsfarben dabei nicht fehlen, aber immer wieder liebe ich die Herausforderung, mich nicht nur von Trends und Farbpaletten, sondern von Geschichten inspirieren zu lassen und neue Konzepte zu entwickeln. Mal ist es »Anne auf Green Gables«, ein anderes Mal eine wundervolle Kindergeschichte von Astrid Lindgren. Einmal war es »Mary Poppins«. Die Geschichte des Kindermädchens, das der wohlhabenden Familie Banks unter die Arme greift und nicht nur die Kinder mit Tricks, Humor und Freundlichkeit zurück ins Leben ruft, sondern auch den Eltern der Familie zu neuer Freude verhilft, ist den meisten Menschen inzwischen bekannt. Mary erobert die Herzen nicht nur als Protagonistin in dem Kinderroman, sondern auch auf der Kinoleinwand und sie prägte auch meine Kindheit. Wenn ich mir vorstellen würde, sie könnte uns zur Weihnachtszeit einen Besuch abstatten, wie würde dieses Weihnachten wohl aussehen? Ich sammle Assoziationen und Gedankenschnipsel und notiere mir all diese Ideen, um einen Leitfaden für Farbe und passende Materialien zu entwickeln. Ich dachte bei diesem Konzept an »ein Löffelchen voll Zucker«, an bunte Kreidefarbenbilder, an düstere, englische, kaminrauchschwarze Steingebäude, an kindliche Leichtigkeit, Puppenhäuser und bunte Kleider. Statt nur knallbunte Farben zu benutzen, wollte ich frische, leicht wirkende bunte Farben und eine spritzige Note. So habe ich zum Beispiel Zitrusfarben und auch getrockneten Orangen- und Limettenscheiben als Dekorationsmaterial gewählt. Die schweren Steingebäude habe ich mit den kleinen Amphoren in Steinoptik aufgegriffen, die auch aus einem englischen Park stammen könnten.

Vielleicht prägt auch dich eine Kindergeschichte oder ein Lieblingsweihnachtsfilm? Welche Materialien, Farben oder Gefühle verbindest du besonders damit? Wie würde sich diese Weihnachtsstimmung bei dir zu Hause anfühlen? Vielleicht entsteht auch bei dir auf diese Weise eine ganz besondere Dekoration, die eine Geschichte erzählt.

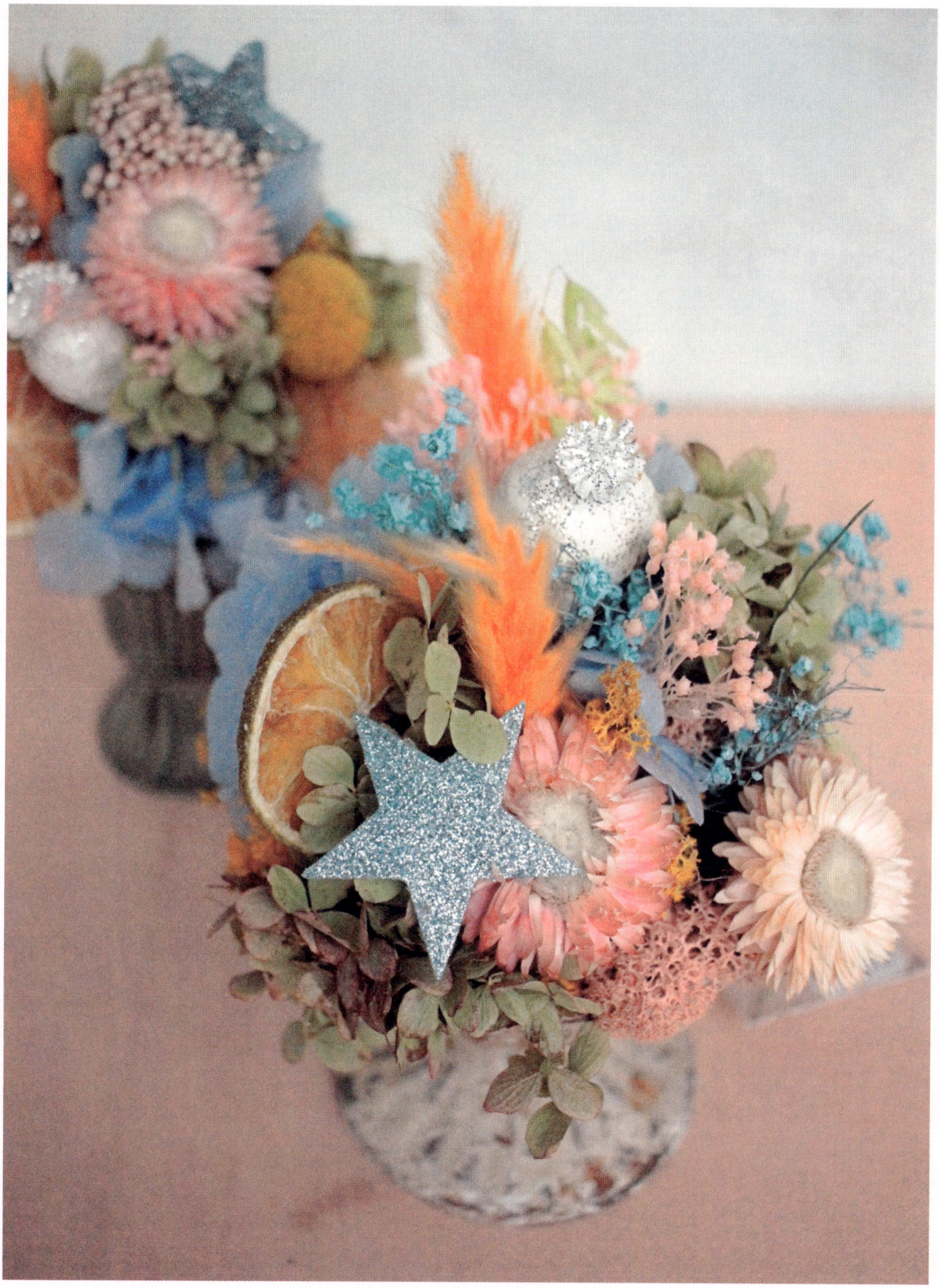

11. DEZEMBER

Sternanhänger

Auf einem Flohmarkt sind mir zahlreiche alte Ausstechformen begegnet und vielleicht hast auch du zu Hause in die Jahre gekommene Ausstecher, die bereits zahlreiche Plätzchen und Kekse gestalten durften, die aber nun neuen Glanz erfahren dürfen. Besonders beliebt zu Weihnachten wegen ihrer Schlichtheit ist die Sternenform, aber natürlich sind auch alle anderen Motive möglich. Um diese Anhänger zu gestalten, die ein wenig wie schimmerndes Eis wirken und natürliche Materialien einschließen, verwendest du gesammelte Kerzenreste von weißen oder cremefarbenen Kerzen. Diese werden eingeschmolzen und sorgen in den Weihnachtsausstechern für winterlich nostalgischen Zauber.

Was du für deine Sternanhänger brauchst:

- alte Kerzenreste
- Topf und Schüssel für ein Wasserbad
- Ausstecher in Sternform oder andere Motive
- Schnur zum Aufhängen
- kleine Papierreste für Schilder, Back- oder Butterbrotpapier
- gesammelte Naturschätze und getrocknete Floralien

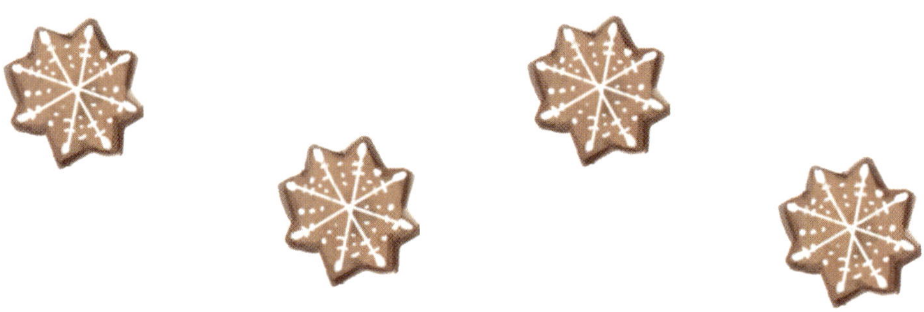

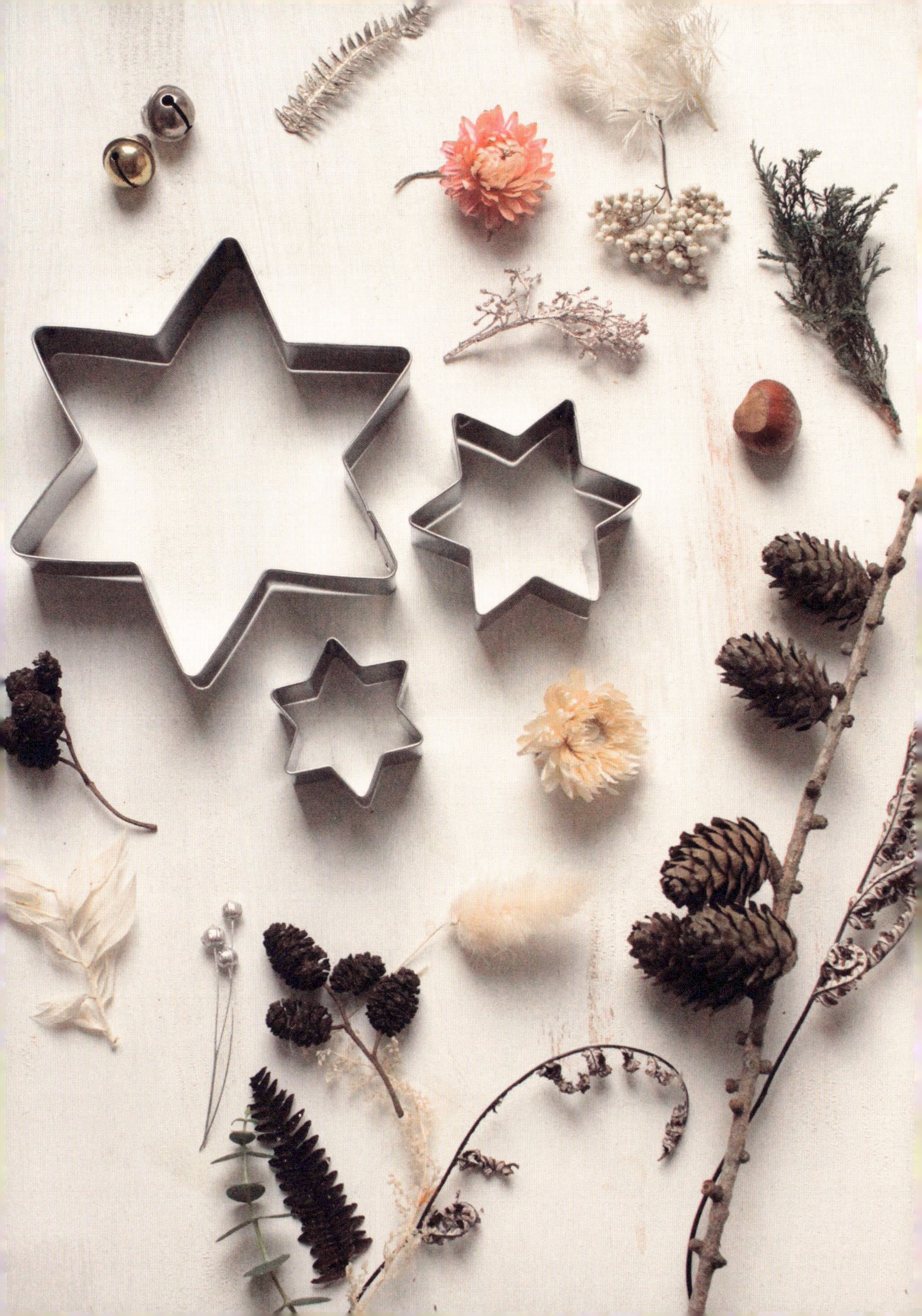

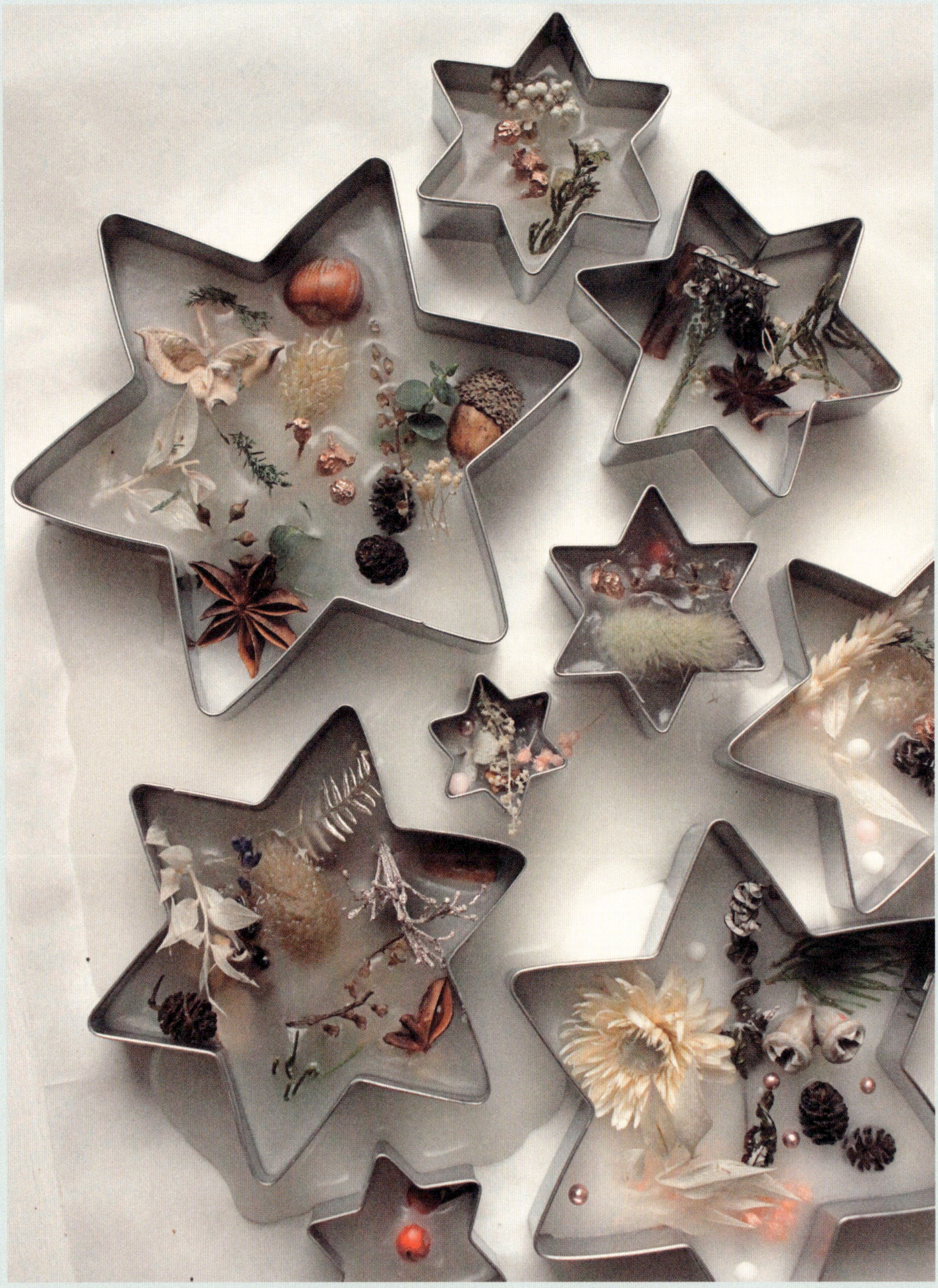

Und so geht's:

1. Als Erstes bereite den Arbeitsplatz vor, lege alles mit Back- oder Butterbrotpapier aus. Darauf verteilst du die Ausstechformen. Befreie alle Kerzenreste von den Dochten und Ruß und erhitze sie dann in einem Wasserbad. Wenn du keine spezielle Schüssel zum Schmelzen des Wachses hast, dann kannst du auch eine alte saubere Dose oder eine leere Saft- oder Milchverpackung verwenden. Achte dann aber darauf, dass die Pappe nicht dauerhaft auf dem Topfboden steht.

2. Wenn das Wachs flüssig ist, nimm die Schüssel vorsichtig aus dem Wasserbad heraus. Benutze dabei einen Topflappen oder eine Zange. Zunächst kannst du eine dünne Schicht in jeden Ausstecher eingießen. Du wirst bemerken, dass sich die Konsistenz des Wachses schnell verändert. Sollte es zu hart werden, kannst du es einfach wieder im Wasserbad schmelzen. In die erste Wachsschicht können nun die ersten Trockenblumen und gesammelten Naturschätze eingelegt werden. Platziere die filigranen Teile vorsichtig und drücke sie leicht im Wachs fest, sodass sie beim Wiedereingießen nicht an der Oberfläche schwimmen, sondern eine räumliche Tiefe entsteht.

3. Wenn alle Formen befüllt sind, kannst du die zweite Wachsschicht auf die kleinen Materialcollagen gießen. Du kannst selbst entscheiden, wie dick deine Anhänger werden sollen. Wenn du genug Wachs eingegossen hast, können noch ein paar Floralien und Zweige im oberen Teil platziert und in die warme Masse gedrückt werden. So entsteht Vielschichtigkeit.

4. Die Anhänger dürfen nun erst einmal aushärten. Je nach Dicke geschieht dies meist bereits nach ein paar Minuten. Mit einer handgewärmten Nähnadel oder einem unter heißem Wasser gewärmten Nagel kannst du nun ein Loch für die Aufhängung in deine Wachsanhänger bohren. Gehe dabei nicht mit Druck vor, sondern lasse das warme Metall sich den Weg frei schmelzen, damit dein Wachsanhänger nicht bricht. Ich verziere meine Anhänger gerne mit kleinen Schildchen und winterlichen Worten. Auch als Geschenkanhänger sind sie eine liebevolle Freude.

12. DEZEMBER

Immergrün und Schneezweige

Weiße Tannenzweige, glitzerbeflockte Nadeln und immergrüne Kränze malen uns jedes Jahr wieder ein friedliches Bild in unsere Weihnachtszeit hinein. Immergrün steht im Winter für Hoffnung, Kraft, Zuversicht und Fruchtbarkeit. Besonders mit lichtvollen Eis- und Schneeflocken wirken die Zweige sinnlich und zaubern ein ganz eigenes Winterwunderland.

Den Charme der frostigen Zweige wollen wir uns auch in unseren Gestecken und Kränzen herbeiholen und greifen dabei oft zu herkömmlichem Schneespray und Kunstflocken, die aber voller Chemie stecken. Eine viel einfachere und sehr natürliche Alternative ist das Arbeiten mit Zucker und Mehl in unterschiedlichen Formen. Neben dem normalen Feinzucker kann für einen frostigen Effekt auch Hagelzucker oder Kandiszucker verwendet werden.

Was du für deine Schneezweige brauchst:

- **Immergrüne Zweige wie Buchs, Thuja oder Tanne**
- **Backpapier**
- **mehrere Schalen**
- **Kleister**
- **Mehl, Zucker, Wasser**

Und so geht's:

1. Breite zum Auslegen deiner Zweige Backpapier an einem Ort zum Trocknen aus.

2. Wir arbeiten mit Wasser und auf Stärke basierendem Kleister. Rühre in einer Schale Wasser wird mit 1–2 Teelöffeln Kleister an. Es soll keine dicke Kleistermasse entstehen, sondern lediglich eine Beigabe zum Wasser sein.

3. In dieses Bad werden die Zweige wie Buchs, Kiefer oder Fichte hineingelegt. Auch Tannenzapfen können bezuckert werden. Für eine dezentere Dosierung kannst du den Kleister mithilfe eines Pinsels auf die Zweige aufbringen.

4. Verteile Mehl und Zucker in flachen Schalen oder Tellern und paniere deine befeuchteten Zweige mit dem Schneegemisch. Du wirst bemerken, wie natürlich die Zutaten deine Äste beflocken. Diesen Vorgang kannst du für eine dichtere Schneeoptik auch wiederholen und in mehreren Schichten arbeiten.

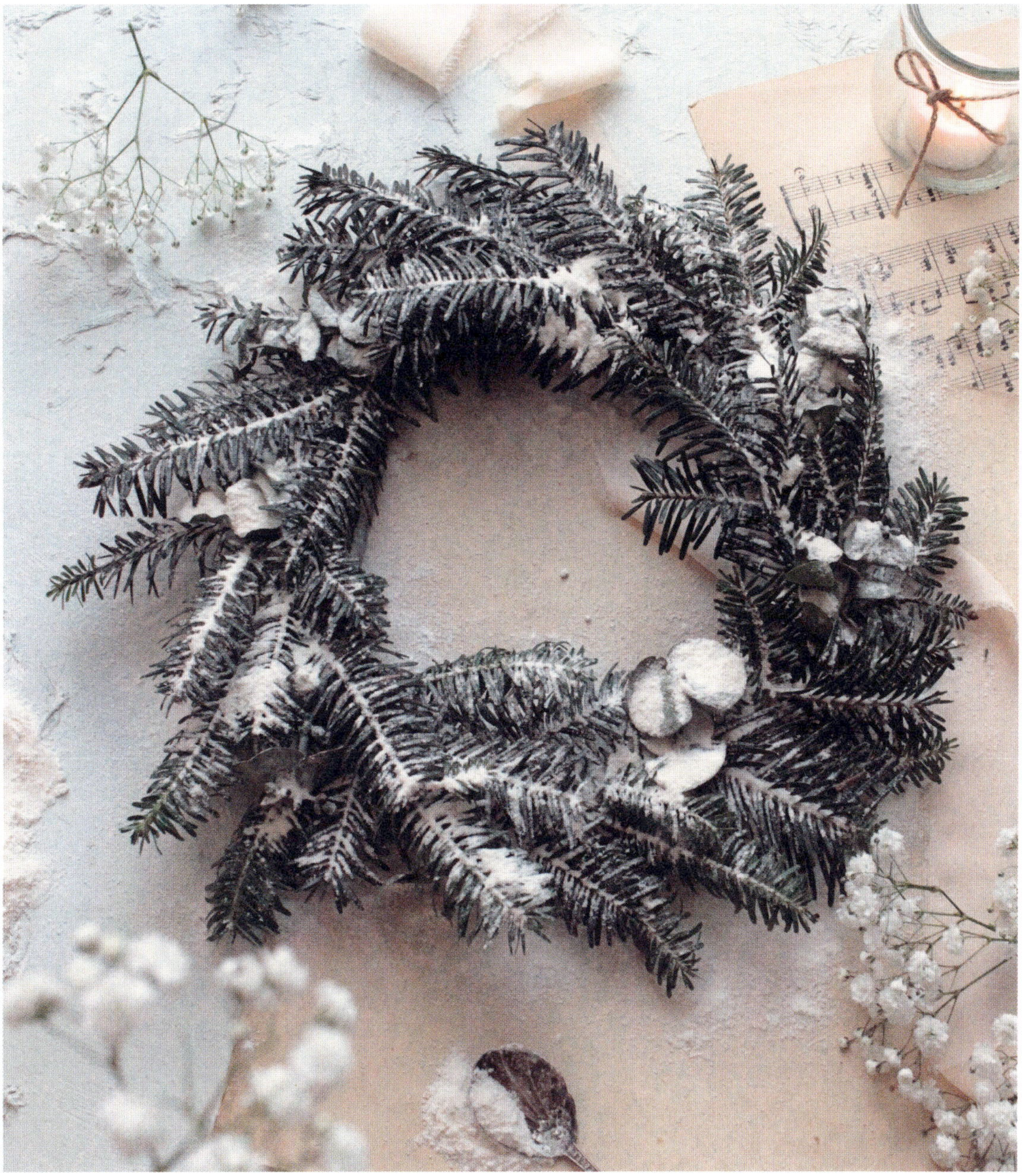

Ein kleiner Hinweis für dich:

Morgen ist der Luciatag. Es erwartet dich ein besonderer Gedanke. Nimm dir am besten bereits heute Abend dieses Buch und vielleicht einen Tee oder Kaffee in einer Thermoskanne mit ans Bett und lese morgen früh mehr über die Bedeutung dieses Tages. Viel Vorfreude!

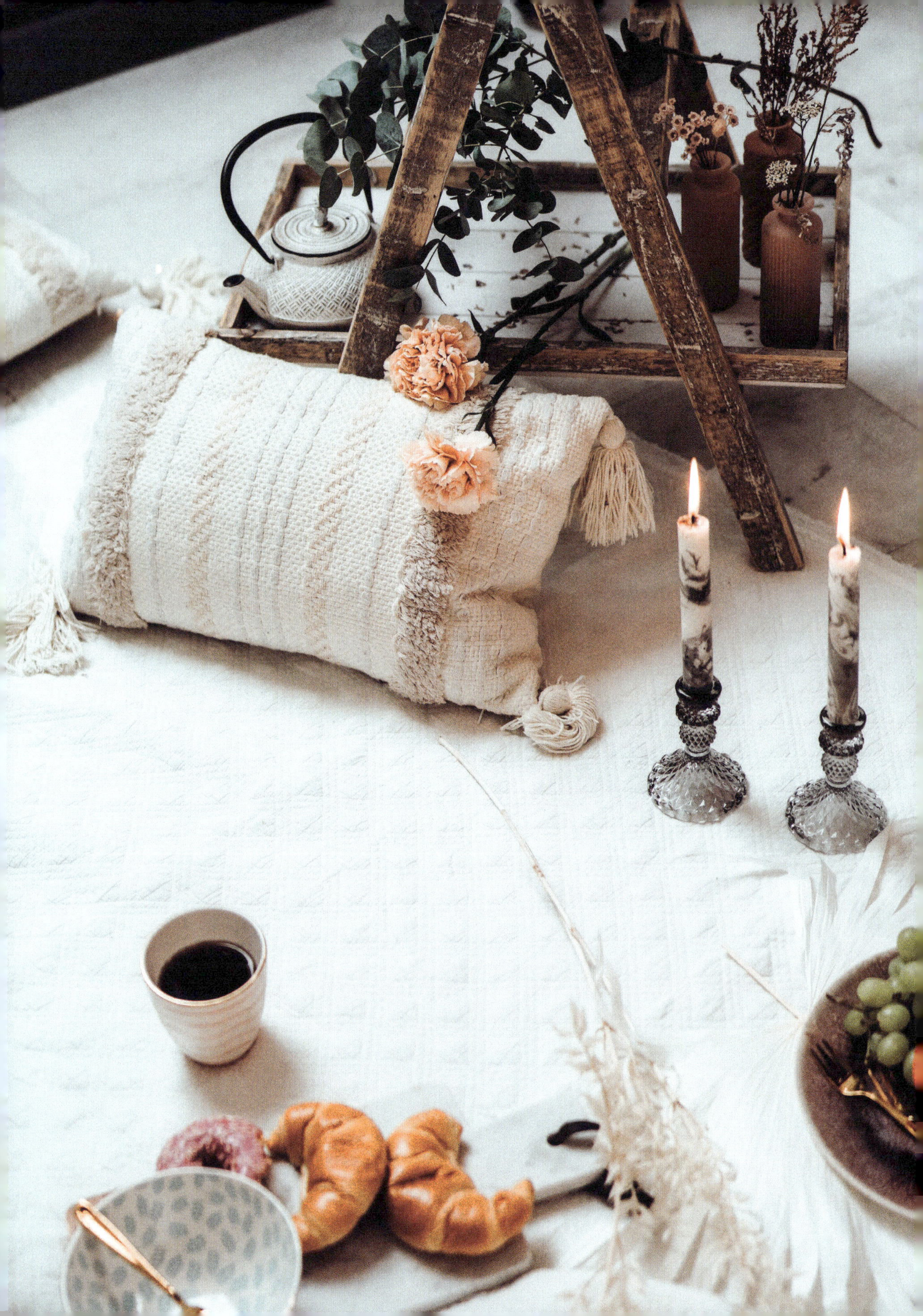

13. DEZEMBER –

Luciatag

Der Luciatag ist ein Festtag, der besonders in Schweden zelebriert wird.

An diesem Morgen bringen junge Mädchen ihren Eltern Milch und Kekse ans Bett. Sie tragen dabei einen Schmuckkranz mit Kerzen auf ihrem Kopf, um das Licht in den noch düsteren Morgen hineinzutragen.

Der Brauch soll an die heilige Lucia erinnern, die selbst ihr Leben riskierte, um verfolgten und gefangenen Christen im Römischen Reich Brot und Wasser zum Überleben zu bringen.

An diesem Tag wachst du auf und darfst dich selbst mit einem Frühstück im Bett beschenken.

Vielleicht hast du ja den kleinen Hinweis am letzten Tag gelesen und dir eine warme Kanne Tee oder Kaffee bereitgestellt. Vielleicht liest du diesen Hinweis aber auch jetzt erst und nimmst dir dieses Ritual für den nächsten Tag vor.

Vielen von uns ergeht es morgens ähnlich: Wir stehen auf, nehmen noch kurz etwas zur Stärkung zu uns und gehen dann zügig, eben kurz und schmerzlos in unseren Alltag über. Nimm dir aber heute vor, bewusst 15 Minuten früher aufzuwachen. Schenke dir Zeit zum Ankommen in diesem Tag.

Du kannst das Buch zur Hand nehmen, dich von den Stimmungsbildern inspirieren lassen oder du lauschst deinen Träumen noch einen Moment hinterher.

Spüre deine Füße unter der Bettdecke. Nimm dir einen Moment, um dich zu strecken, wie man es wahrscheinlich zuletzt als Kind getan hat.

Nimm einen tiefen Atemzug und hole dir dein kleines »Picknick im Bett«. Wenn du deinen Kaffee oder Tee öffnest, dann rieche einmal aufmerksam daran, als würdest du dein warmes Getränk das erste Mal erschnuppern. Lausche den Geräuschen dieses Wintermorgens.

Zur Weihnachtszeit hängt in unserem Schlafzimmer ein Papierstern, der warm und behaglich leuchtet. Vielleicht hast du ja ein ähnliches Licht, das dich in dieser tiefen Winterzeit abends zur Ruhe bringt und morgens wieder in der Welt ankommen lässt.

Versuche diesen Tag bewusst zu beginnen. Vielleicht ist dein »Picknick im Bett« aber auch eine Inspiration für dich, weitere Morgen etwas umzugestalten und mit einer neuen kleinen Tradition zu versehen. Diese wenigen Minuten können uns helfen, uns mit Kraft und Orientierung für einen ganzen Tag zu versorgen.

14. DEZEMBER

Miniatur-Pakete-Anhänger

Diese kleinen Anhänger sind meine nostalgischen Lieblingsdekorationen zur Weihnachtszeit. Als Geschenkanhänger, an einer Keksdose, am Weihnachtsbaum oder auf dem Adventskranz dekoriert, sorgen sie für kleine Augenblicke der Freude, die mich immer wieder an meine Kindheit, Puppenhausmomente und Miniaturwelten erinnern.

Noch dazu sind die herzigen Päckchen so einfach nachzugestalten.

Was du für deine Miniatur-Pakete-Anhänger brauchst:

- **Kartonreste**
- **Klebestift**
- **alte Buchseiten**
- **Schere**
- **Juteschnur**

Und so geht's:

1. Als Erstes schneide gleich große Kartonreste so zu, dass sie die Grundform eines Miniaturpakets ergeben. Klebe einen Stapel von etwa 5 Kartonstückchen zusammen.

2. Der Kartonstapel wird nun in eine alte Buchseite eingewickelt und mit dünner Juteschnur oder Bonbongarn zusammengebunden. Überkreuz gelegt hält die Schnur die kleine Paketverpackung gut zusammen. Auch alte Zeitungen oder Notenpapiere machen sich sehr hübsch als romantisches Einschlagpapier. Mit einer Schleife versehen, wirken die kleinen Wichtelpäckchen noch charmanter.

3. Wenn du die kleinen Pakete als Anhänger für ein Geschenk oder als Christbaumschmuck verwenden möchtest, fädle an der Seite noch eine Schnur als Aufhängung mit ein. Fertig ist eine hübsche Weihnachtsdekoration.

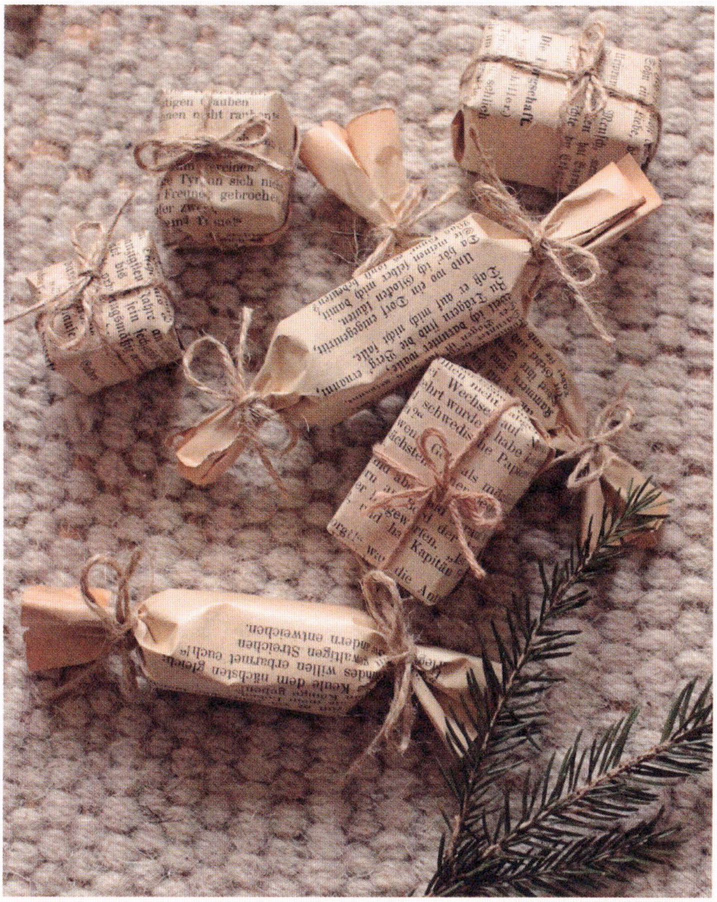

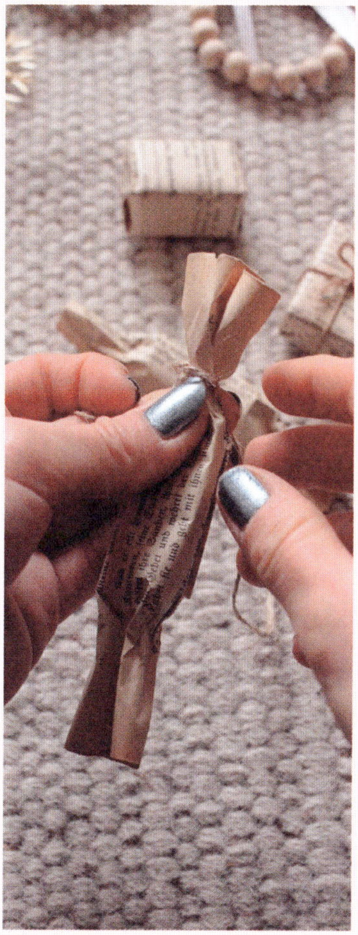

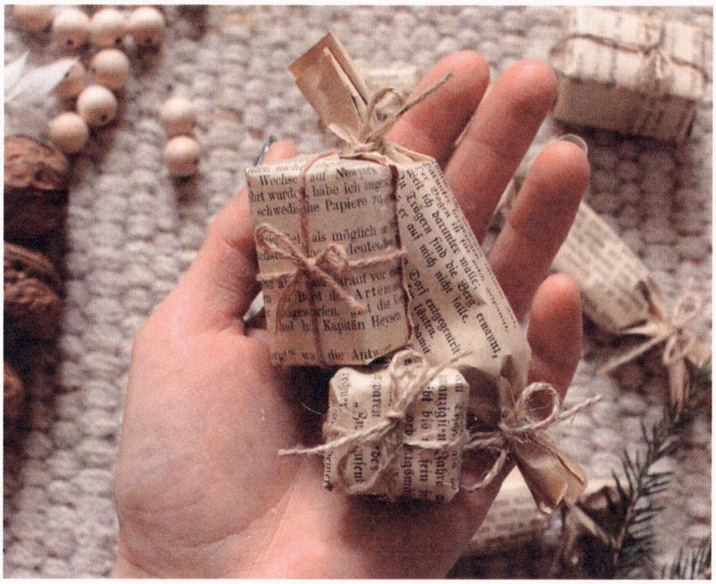

15. DEZEMBER

Schneekugel-Dessert

Jedes Jahr zur Adventsausstellung im Blumenladen zaubert meine Schwester Sarah wundervolle Köstlichkeiten für unsere Gäste. Einen unserer Lieblinge zur Adventszeit verraten wir dir hier. Das Dessert schmeckt nicht nur fabelhaft weihnachtlich, sondern ist einfach herzustellen und sieht zauberhaft aus.

Was du für dein Schneekugel-Dessert brauchst:

- Ca. 10 Kugeldessertgläser
- 1 Packung Spekulatius-Gewürzkekse
- 2 Dosen Aprikosen
- 500 g Mascarpone
- 300 ml Schlagsahne
- Kakao zum Garnieren
- Marzipanmasse

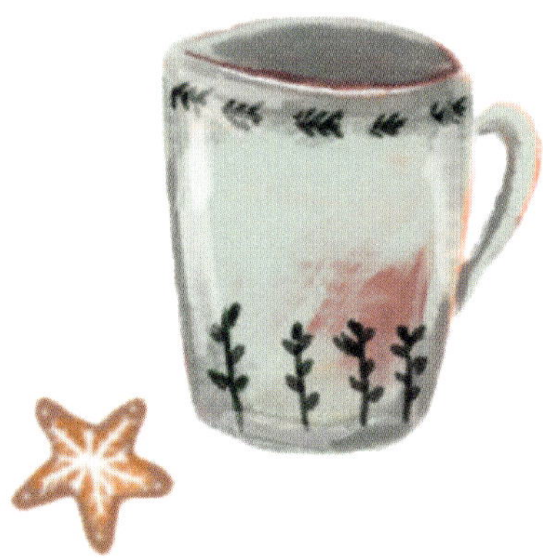

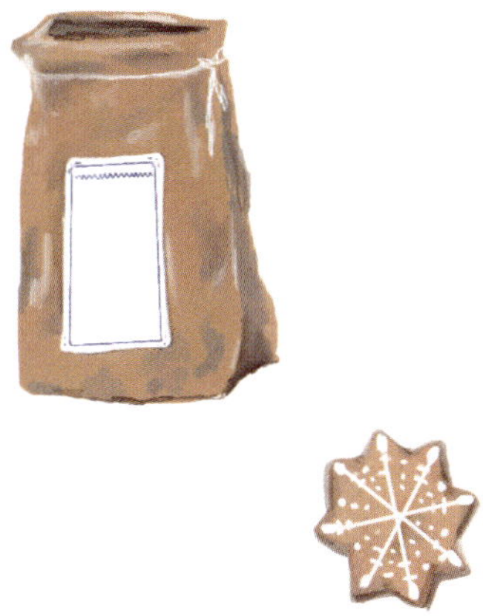

Und so geht's:

1. Als Erstes werden die Kekse klein gekrümelt und unten in die Gläschen gefüllt.

2. Aprikosen klein schneiden und mit ein wenig Saft über die Kekse geben.

3. Die Sahne steif schlagen. Dann nach und nach Mascarpone unterrühren.

4. Eine Prise Zimt in die Sahnecreme geben. Vanillezucker schenkt der Creme noch eine feine Note. Die Masse kann nun in einen Spritzbeutel gefüllt und über die Aprikosen verteilt werden.

5. Das Dessert mit Kakao bepudern. Wenn du magst, kannst du die Creme noch mit kleinen Marzipansternen garnieren. Hierzu einfach die Marzipanmasse ausrollen und mit Ausstechern kleine Sterne ausstechen.

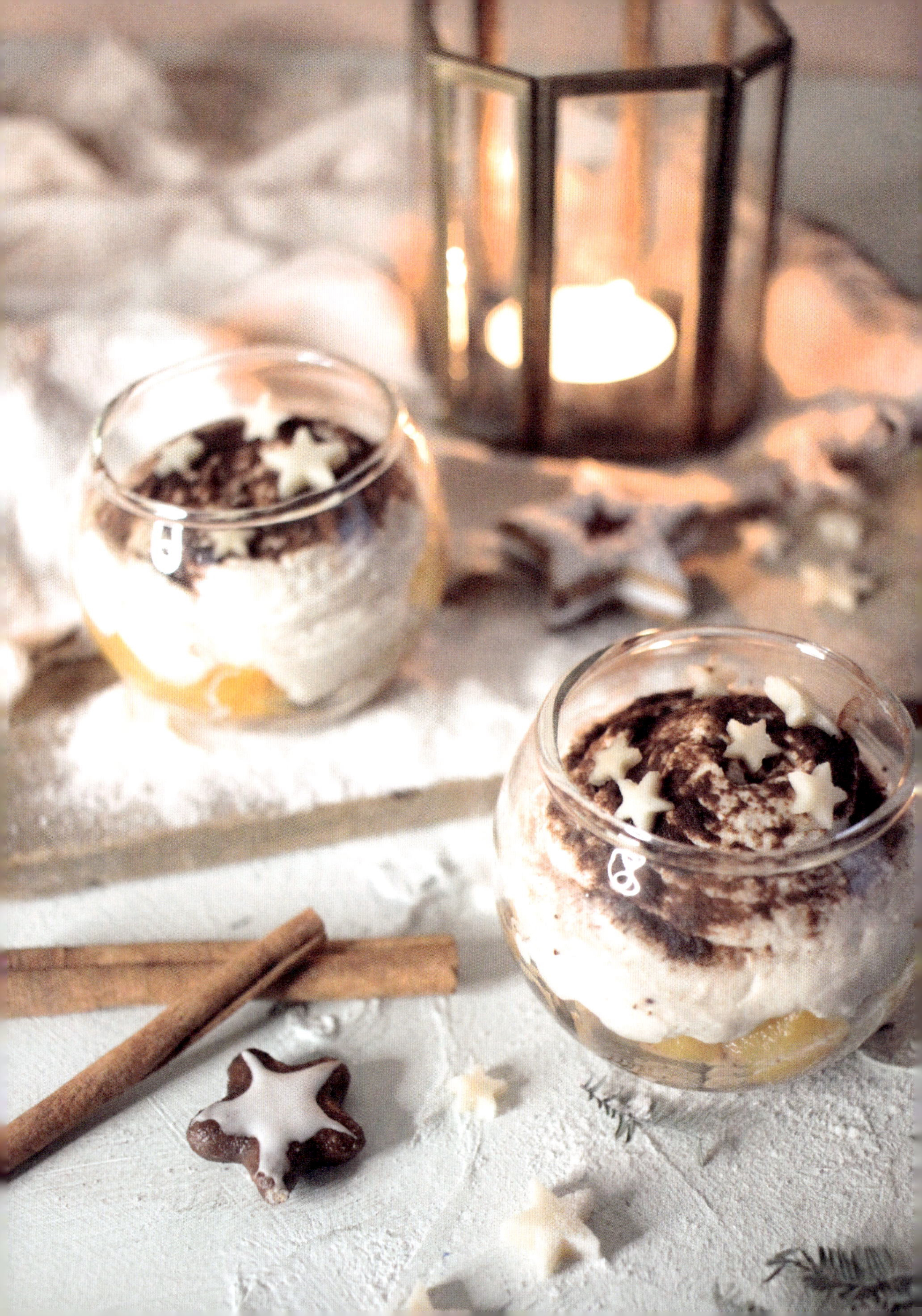

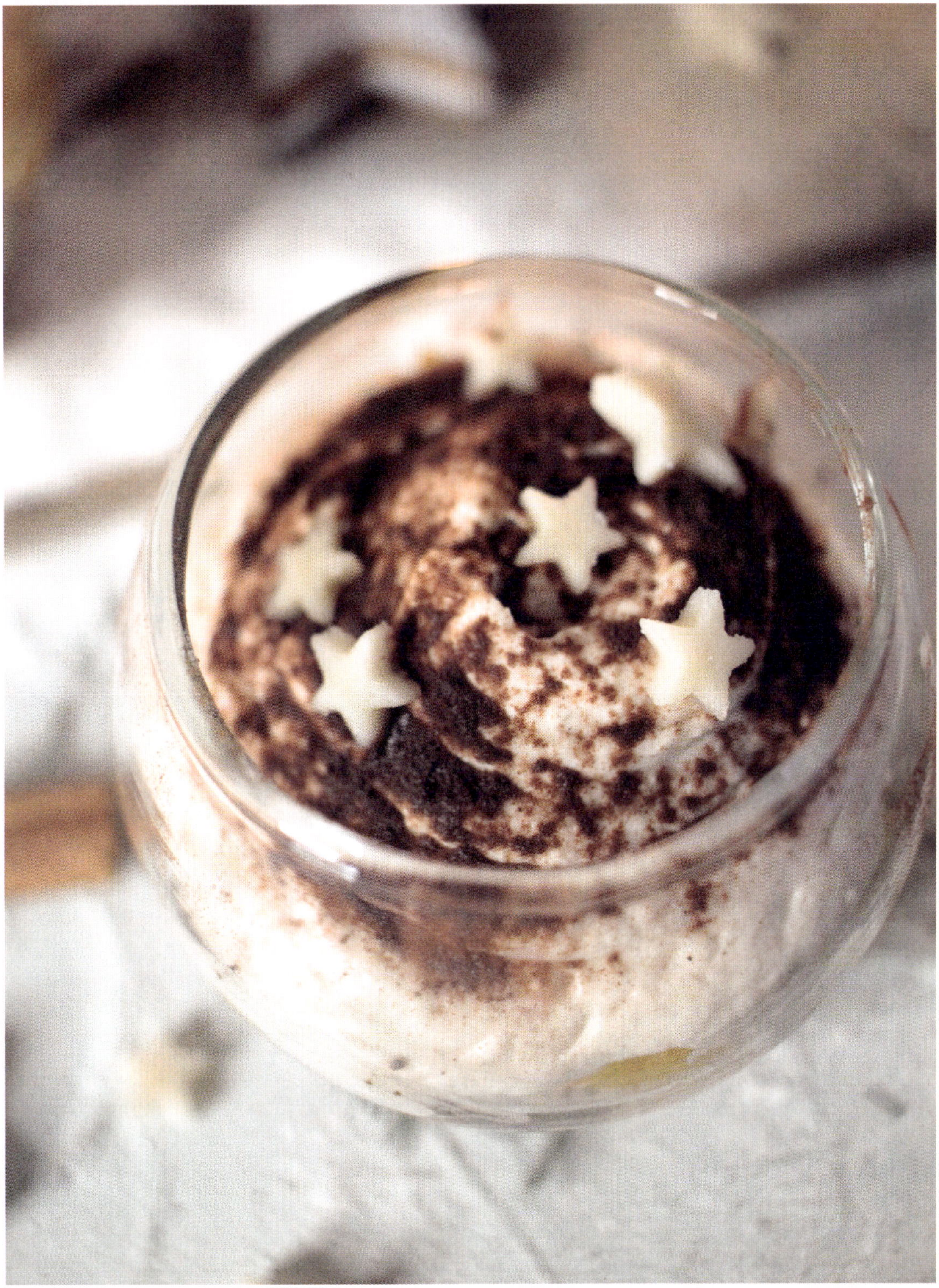

16. DEZEMBER

Weihnachtsanhänger Glaskugeln/Blütenkugeln

Diese schlicht-schöne Idee darf dich heute inspirieren, selbst kreativ zu werden. Vielleicht stimmst du dich so auf deine persönliche Weihnachtszeit ein und stellst dir vor, wie deine selbst befüllten Blumenglaskugeln am Tannenbaum glänzen. Auch als Geschenkidee ist dieses kleine DIY ein hübscher Freudenbote.

Was du für deine Blütenkugeln brauchst:

- **Glaskugeln zum Befüllen, achte dabei darauf, dass diese nicht regenbogenfarbig spiegeln, da sonst die Blumen weniger schön zur Geltung kommen**
- **Trockenblumen in Rot, Natur und Grün**
- **rot-weiße Bonbonschnur als Aufhängung**
- **Draht oder eine lange Pinzette zum Einfüllen**
- **Zuckerperlen**

Und so geht's:

1. Die Glaskugeln öffnen und mit einer Pinzette oder mithife eines Drahtes mit den Trockenblumen befüllen.

2. Achte beim Befüllen darauf, dass du eine schöne Mischung aus kleinen verspielten und farblich auffallenderen oder größeren Blüten wählst. Auf diese Weise gibt es in jeder Kugel etwas zu entdecken. Gut geeignet sind zum Beispiel Ruskuszweige, Lagurusgräser, kleine getrocknete Beeren oder schmale Zimtstangen und Anissterne.

3. Zum Schluss wird ein Faden durch die Aufhängung deiner Weihnachtskugeln gezogen. Besonders weihnachtswichtelig sieht die rot-weiße Bonbonschnur aus, die an Zuckerstangen erinnert. Schon ist deine hübsche Dekorationsidee fertig.

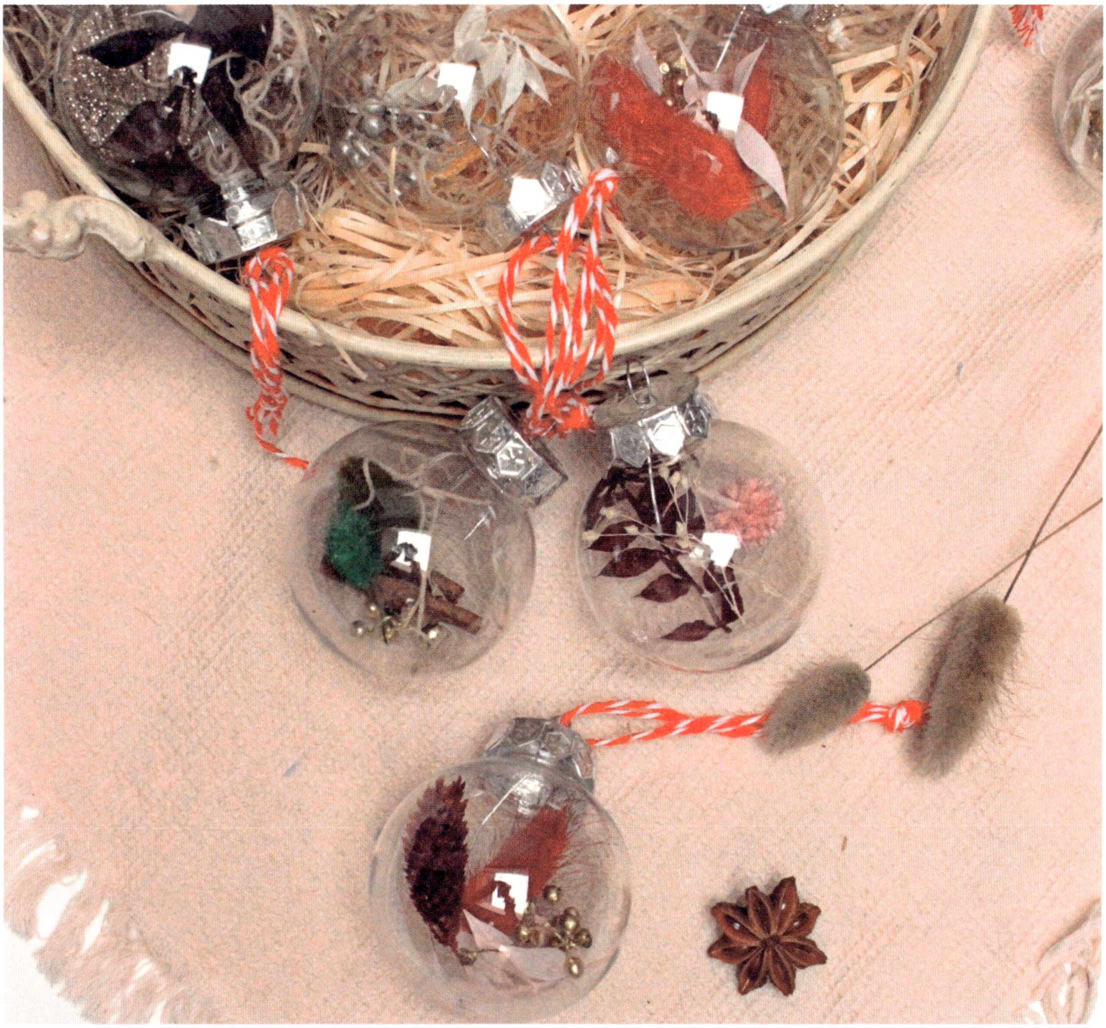

Wer Glitzer mag, die Umwelt aber schonen möchte, kann einfach zu Zuckerperlen aus dem Konditoreibedarf greifen und ein paar davon in die Kugeln »schneien« lassen.

Besonders wichtig ist, dass die Blumen komplett getrocknet und nicht etwa gerade frisch gesammelt sind. Die Feuchtigkeit könnte in diesem Fall nicht aus den Kugeln weichen und deine Floralien würden anfangen zu schimmeln. Um das zu vermeiden, trockne deine gesammelten Materialien zunächst zehn Tage in der Nähe einer Heizung, bevor du sie verarbeitest.

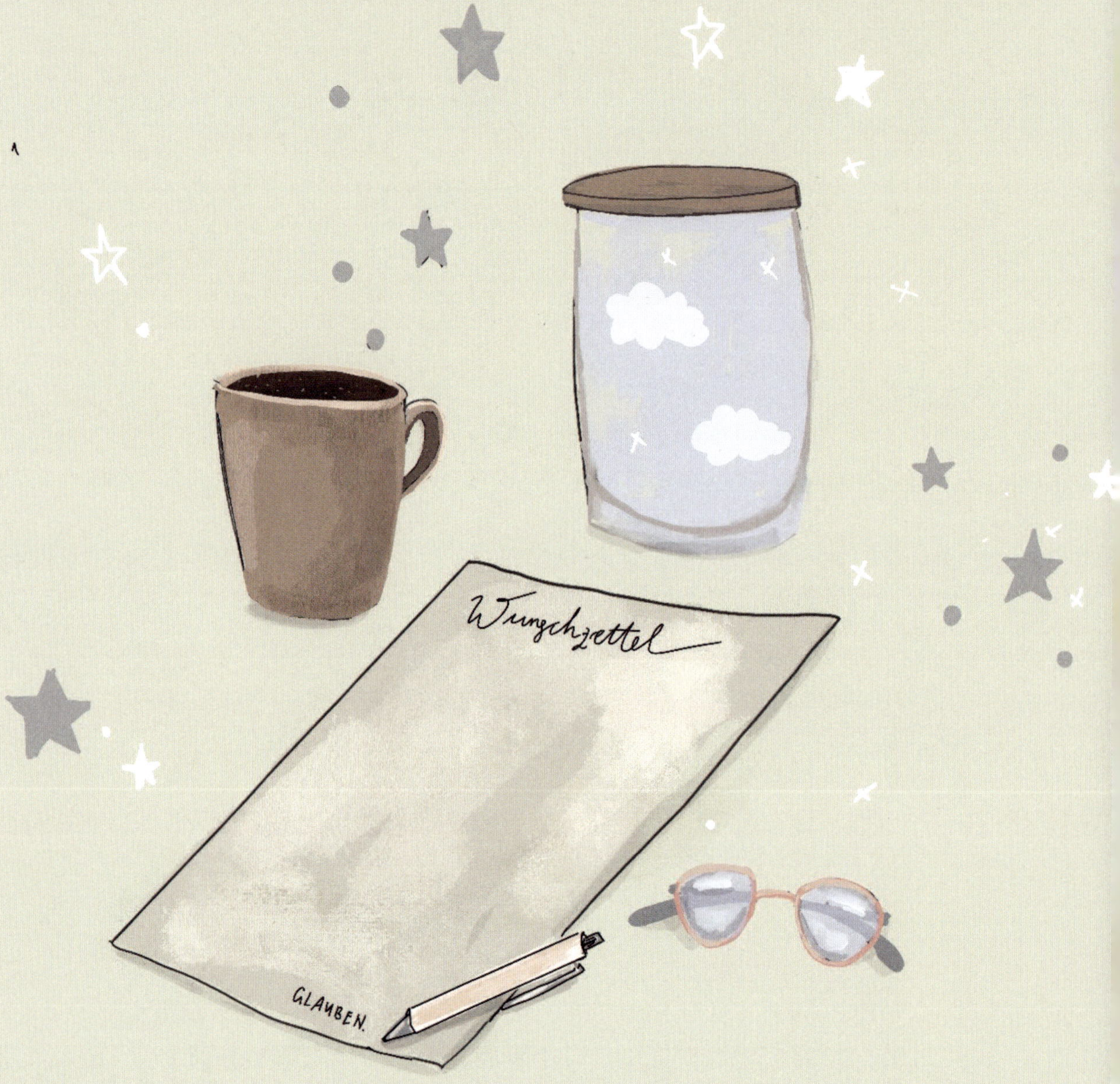
Wunschzettel
GLAUBEN.

17. DEZEMBER

Wunschzettel schreiben

Wunschzettel schreiben

Wann haben wir aufgehört, einander zu sagen: »Wünsch dir was«?
Könnte ich all meine bunten Wünsche in einem Marmeladenglas sammeln,
würden mir Liebe, Lachen, Freundschaft entgegenscheinen.
Ein Regal gefüllt mit Hoffnungen und Träumen.

Wann hast du zuletzt dein Wunschkonzert besucht?
Oder der Melodie deiner Träume gelauscht?
Egal ob sinnstiftend oder freudenberauscht:
Welchen Takt schlägt dein Herz?
Oder: Wo summt leise zum Piano ein Sehnsuchtsschmerz?

Was ist ein wahrer Wunsch, was bist wirklich du?
Werde mutig leise, lasse Zweifel los und
höre deiner Fantasie mal zu.

Mit Regenbogenleuchten und Sternschnuppen versehen,
darfst du dir Sehnsüchte, Herzenslücken eingestehen, hinsehen.
Wir schicken unsere Träume in den Himmel:
Liebe, Heilung, Reichtum, Glück …
Und vielleicht kommt einer unserer Wünsche erfüllt zu uns zurück.

Besuche den Ort deiner begrabenen Träume
und versäume nicht, sie loszulassen.
Zu wünschen heißt manchmal, sich ein Herz zu fassen.
Nicht zuzulassen,
dass Ernüchterungen unserer Fantasie die Farben rauben.
Und ein bisschen heißt Wunschzettel schreiben:
einfach mal wieder glauben.

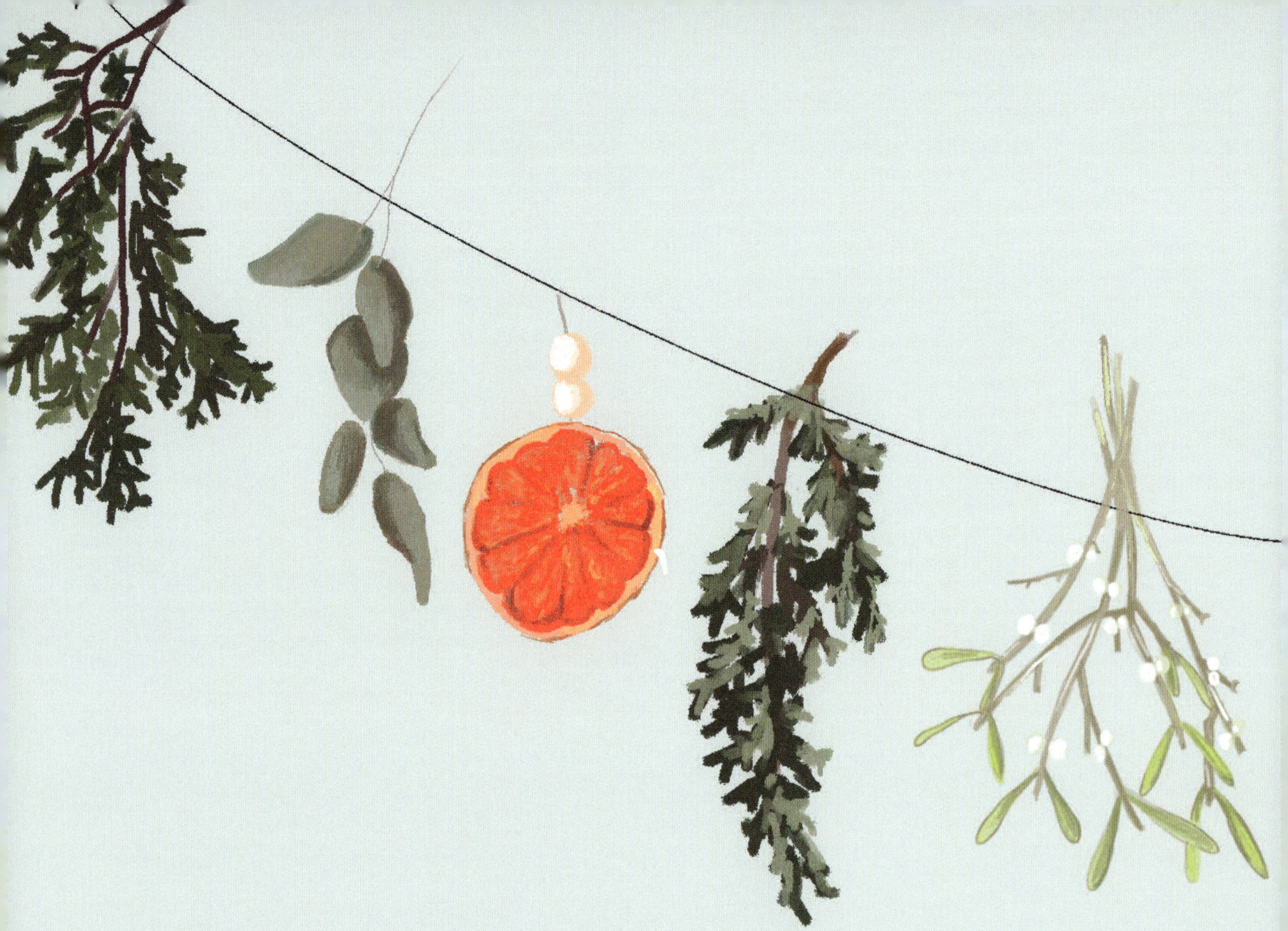

Mein persönlicher Wunschzettel

WAS SIND MEINE HERZENSWÜNSCHE & HOFFNUNGEN?
WOVON TRÄUME ICH, WOVON DARF ICH MIR ERLAUBEN ZU TRÄUMEN?

18. DEZEMBER

Weihnachtsstern

In der viktorianischen Sprache der Blumen bedeutet unser alljährlicher Begleiter zur Winterzeit »Sei guter Dinge«. Ein hoffnungsvoller Zuspruch, den die Weihnachtssternpflanze in unser Zuhause mitbringt. Zum Advent wird der Weihnachtsstern gerne in verschiedenen Farben und Topfgrößen verschenkt. Zu unserer Weihnachtstradition zählt er aber erst seit den 1950er Jahren. Die Blätter formen sich zu einer optischen Blüte in Creme-, Rot- und Rosatönen. Besonders beliebt und klassisch ist der rote Weihnachtsstern. Ursprünglich ist das Wolfsmilchgewächs ein immergrüner Strauch und stammt aus Südamerika.

Was dein Weihnachtsstern nicht mag

Dein Weihnachtsstern oder botanisch: *Euphorbia pulcherrima* ist auch bekannt als Christstern oder Poinsettie. Er benötigt eine Zimmertemperatur von etwa 20 Grad Celsius und verträgt keine Kälte. Deshalb solltest du ihn beim Transport oder Verschenken gut verpacken und vor kühler Luft schützen, da er sonst erfriert.

Du solltest dafür sorgen, dass er regelmäßig Wasser bekommt. Wichtig ist aber, dass er nicht unter Staunässe in deinem Übertopf und dann unter faulenden Wurzeln leidet.

Was er braucht

Einen warmen, hellen Standort bei ca. 20 Grad Celsius. Am besten wässert man einen Weihnachtsstern, indem er einmal in der Woche in eine Schüssel mit Wasser mit dem Topf unter Wasser getaucht wird. Lasse den Pflanztopf gut abtropfen und stelle ihn anschließend wieder in deinen Übertopf.

Wenn du ihn mehr als nur eine Weihnachtszeit nutzen und pflegen möchtest

Du kannst deine Zimmerpflanze auch über den Sommer an ein Fenster stellen oder einen geschützten Platz auf dem Balkon suchen und sie regelmäßig wässern. Sie verliert nach und nach ihre Zierblütenfarbe und wird zu einer schlicht-schönen Grünpflanze. Möchtest du den Weihnachtsstern wieder zur Blüte bringen, hole ihn, sobald es kälter als 10 Grad Celsius wird, wieder ins Haus und stelle ihn an einen Platz, der abends und nachts dunkel ist. Je länger die Dunkelphase, umso schneller wird der Weihnachtsstern zur Blütenbildung angeregt und dein Christstern bereitet dir ein weiteres Jahr viel Freude.

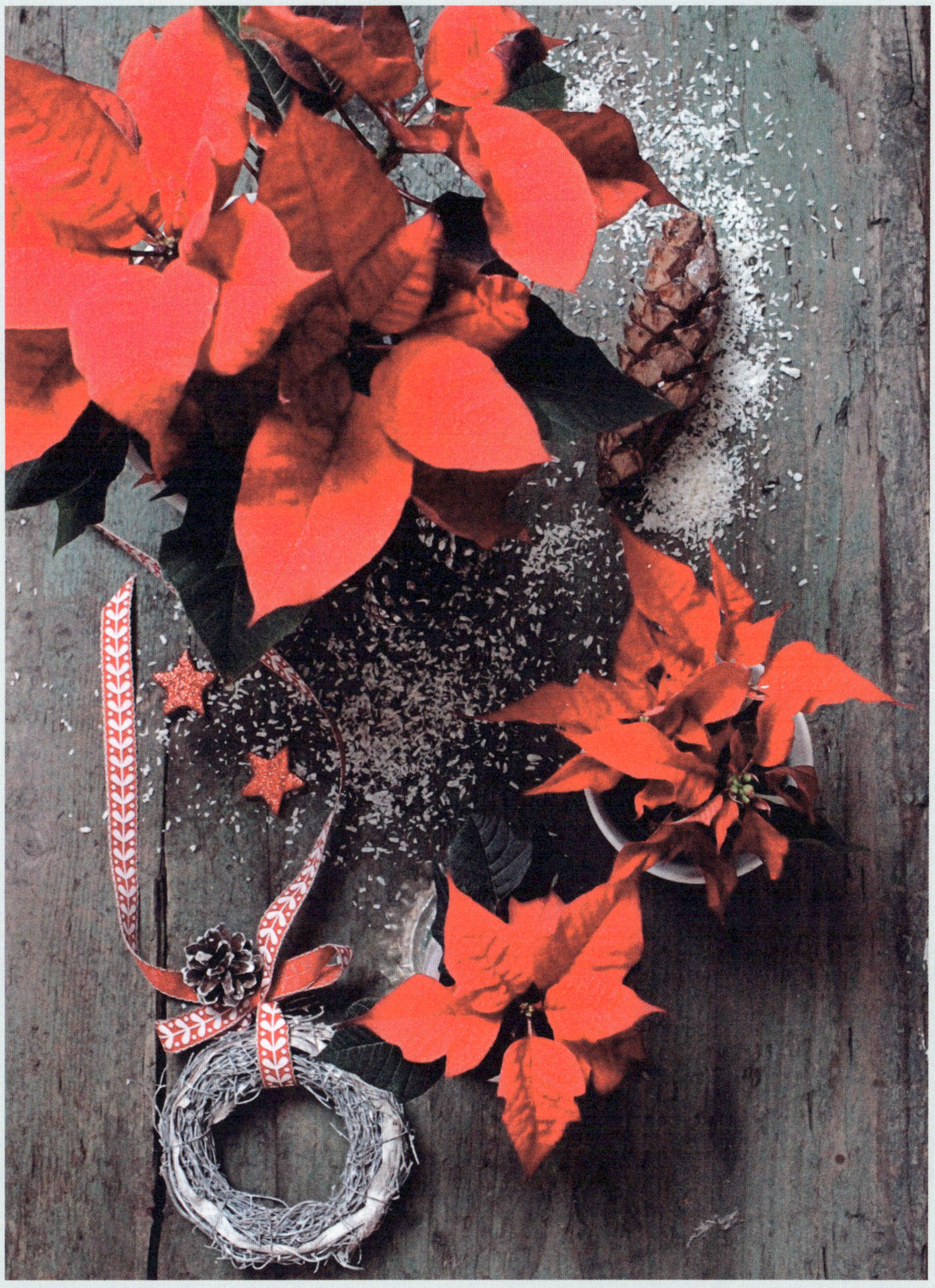

19. DEZEMBER

Weihnachtsanhänger Perlenring

Fühle dich heute eingeladen, diese kleine Kreatividee nachzubasteln. Die Perlenringe eignen sich wunderbar als Tannenbaumschmuck und haben einen natürlichen, schlichten Charme. Aber auch Geschenke können liebevoll damit dekoriert werden.

Was du für deinen Perlenring brauchst:

- **20 Holzperlen pro Ring, ca. 8 mm Durchmesser**
- **Steckdraht oder dickeren Wickeldraht**
- **Juteschnur zum Aufhängen**
- **weißes Stoffband zur Dekoration**

Und so geht's:

1. Fädle die Naturholzperlen auf deinen Draht auf. Je nach Wunschgröße solltest du 16–20 Perlen pro Ring verwenden. Wenn du alle Perlen aufgefädelt hast, biegst du deinen Draht zu einem Ring.

2. Das Drahtende wird so abgeschnitten, dass es noch in die ersten aufreihten Perlen eingesteckt werden kann. Die beiden Drahtenden werden also zum Verwahren in die jeweils entgegengesetzten Perlen eingesteckt.

3. Nun brauchst du nur noch die Juteschnur als Aufhängung zu befestigen.
Verziere den Perlenkranz noch mit einer kleinen weißen Baumwollschleife und schon ist deine natürliche und plastikfreie Weihnachtsdekoration fertig.

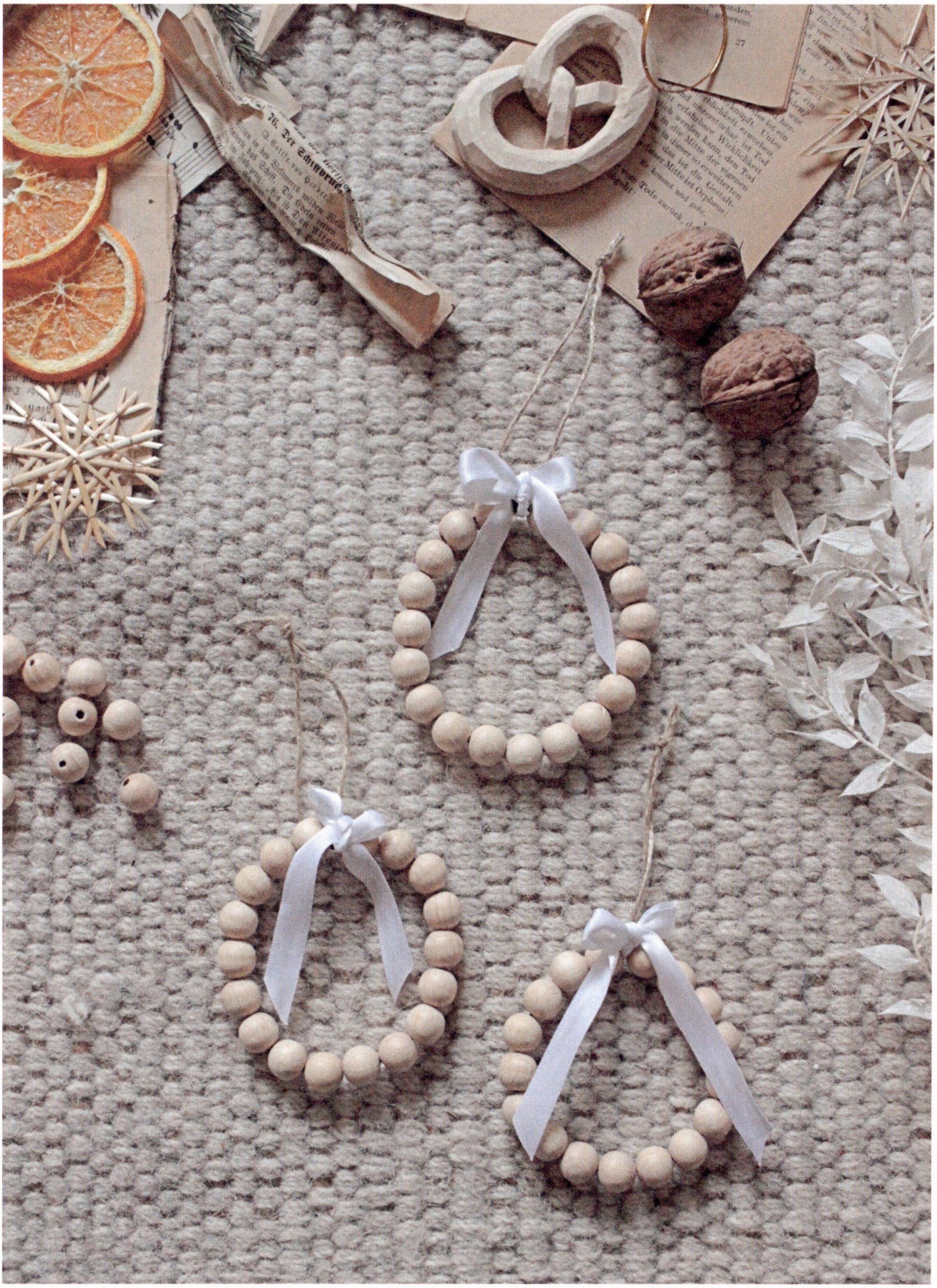

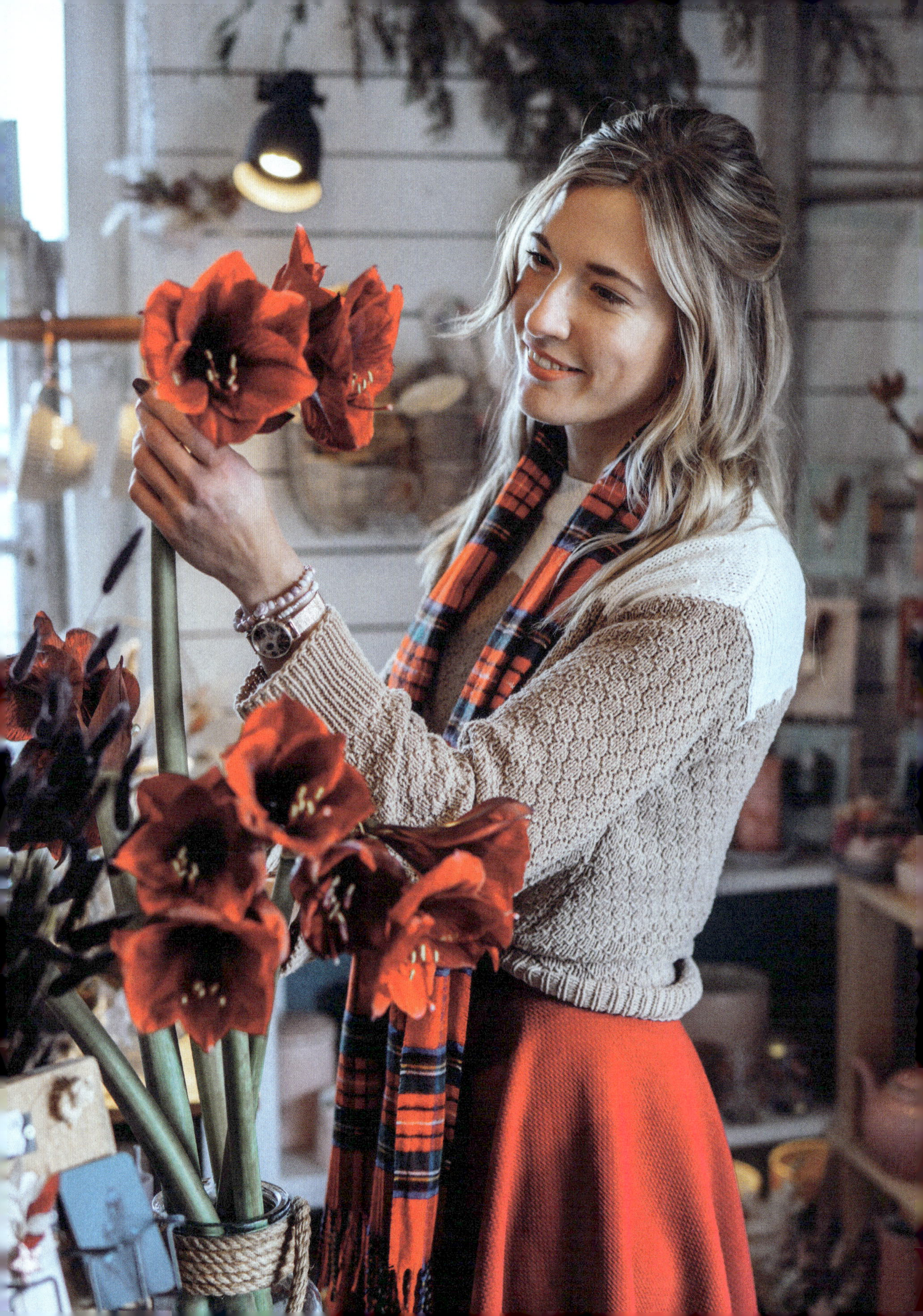

20. DEZEMBER

Amaryllis

Beliebte Blumenbotin für die Weihnachtszeit ist, wie wir im Blumenladen jedes Jahr wieder erleben dürfen, die Amaryllis. Jeder kennt die großen, herrschaftlichen Blüten. Sie erinnern an altenglische, großzügig gedeckte Festtafeln und bringen den Charme von Jugendstil in unsere Häuser und Wohnungen. So werden sie oft als Hoffnungsbote zur Weihnachtszeit verschenkt und erblühen im Laufe der Wochen als Schnittblume oder Zwiebel. Die Legende einer jungen, schönen Hirtin inspirierte den Naturforscher Carl von Lineé zu ihrem Namen Amaryllis. Die imposante Blüte steht für Anmut und Stolz.
Es gibt sie in mehreren Farben von Weiß über Rosé und leuchtendes Rot bis Bordeaux. Ich habe hier fünf Tipps für dich zur Pflege deiner Zwiebel oder Schnittblume:

Amaryllis in der Vase

Da der Blütenstiel dieser Pflanze dick und innen hohl ist, verliert er häufig in der Vase an Stabilität. Der Trick ist hierbei recht einfach: Du kannst entweder einen glatten, unverzweigten Ast oder Holzstab nehmen und in den hohlen Stiel der Amaryllis so einführen, dass du die Seitenwände der Schnittblume nicht verletzt. So kann der grüne Stiel nicht abknicken und erfährt etwas Halt. Eine andere Variante ist, eine hohe, schlanke Glasvase zu wählen, in welcher die Blütenstiele gestützt sind und dennoch zur Geltung kommen dürfen.

Anschnitt der Stiele

Benutzt du eine Gartenschere zum Anschneiden, bricht der Stiel der Amaryllis sehr schnell. Besser ist, einen geraden Schnitt mit einem scharfen Küchen- oder Blumenmesser zu tun. Dieses sollte sauber und frei von Keimen sein. Der Blütenstiel hat im Wasser oft die Eigenschaft, sich aufzurollen. Hier kann ein dünner Faden helfen. Dieser kann einen halben Zentimeter oberhalb der Schnittstelle ein bis zweimal fest gewickelt und gut geknotet werden, sodass er sich im Wasser nicht löst. Von durchsichtigen Klebestreifen, die aus Kunststoff bestehen und die auf dem Kompost später nicht verrotten würden, sehe ich der Umwelt zuliebe gerne ab.

Der Kauf als Pflanze

Beim Kauf der Amaryllis im Topf oder als Zwiebel überlege genau, ob du wirklich eine gewachste Zwiebel möchtest – diese sieht zwar hübsch aus, so mit Samt bezogen oder Glitzer bestreut, – aber sie ist nicht darauf ausgelegt, auch noch im Jahr darauf zu blühen. Das Wachs lässt sich nur schwer entfernen. Außerdem sind die Wurzeln abgeschnitten und die Zwiebel wird mit einem Drahtfuß versehen, damit sie besser stehen kann. Für das eine Jahr wird sie kein Wasser mehr aufnehmen müssen, ein Überdauern dieser Saison ist allerdings durch die vielen Beeinträchtigungen nur selten möglich. Kaufst du eine Zwiebel im Topf oder lose, dann hast du viele Dekorationsmöglichkeiten und kannst die Pflanze auch im kommenden Jahr wieder zur Blüte begleiten und dich an ihrer Schönheit erfreuen.

Pflanzenpflege

Bei deiner Zwiebel solltest du eines beachten: Je wärmer ihr Standort ist und je mehr Wasser sie bekommt, desto schneller wird sie er-, aber auch verblühen. Daher sind mäßig warme Standorte mit Tageslicht optimal. Von einem Platz direkt an der Heizung solltest du absehen. Ansonsten ist die Amaryllis sehr pflegeleicht, da sie in ihrer Zwiebel Wasser gut speichern kann. Statt sie täglich zu gießen, genügt es, wenn sie zweimal in der Woche mit einem kleinen Schwung Wasser versorgt wird. Wie bei jeder Pflanze sollte auf Staunässe verzichtet werden.

Nach der Weihnachtszeit

Die Weihnachtszeit geht vorüber, die Blütenblätter fallen, und was machst du jetzt mit deiner Pflanze? Bevor du sie an einen Platz zum Ruhen stellst, gib ihr Zeit, um die Energie aus ihren Blättern zu ziehen. Werden diese schlaff und blassgelb, so ist der Zeitpunkt erreicht, diese mit einem scharfen Messer ca. 3 cm oberhalb der Zwiebel abzuschneiden. Wenn die Zwiebel noch sehr feucht ist, entferne die Erde und trockne sie ab.

Du kannst die Blumenzwiebel dann in ein Zeitungspapier oder Holzwolle einwickeln. Wichtig ist, dass sie trocken lagern kann. Ein Keller oder Ort, an dem du sonst auch Kartoffeln hinlegst, sodass sie wenig Licht abbekommen und nicht beginnen auszutreiben, ist auch der optimale Ort für deine Amarylliszwiebel. Trage dir am besten im Kalender ein, wann du sie wieder hervorholen willst, damit sie nicht in Vergessenheit gerät. Damit sie wieder pünktlich zu Weihnachten erblüht, sollte sie allerspätestens Mitte November in die Wärme geholt und in Erde eingepflanzt werden. Wird sie dann wieder gegossen, erwachen die Lebensgeister wieder in ihr und sie erfreut sich an einem hellen Platz am Fenster und uns mit imponierend zauberhafter Blütenpracht.

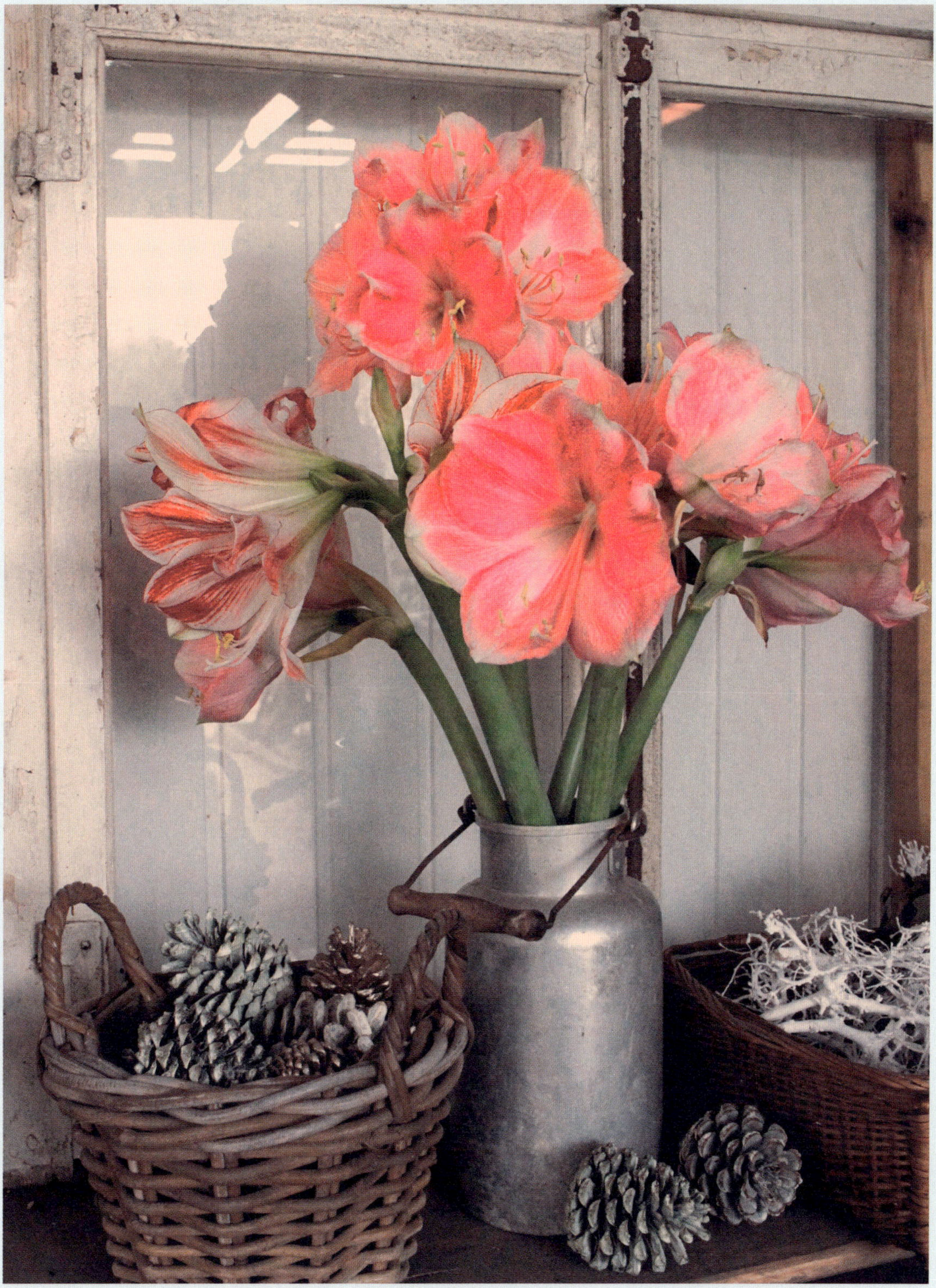

21. DEZEMBER

Wintergesteck

Heute ist Mittwinter oder Wintersonnenwende. Ab heute beginnen die Tage wieder länger zu werden und auch die Natur spürt diese besondere Umbruchphase. Viele Bräuche und Traditionen ranken sich um diese Nacht.

Ein verwunschenes Blumenarrangement entführt uns mitten in diesen Winterzauber. Ich finde es immer besonders charmant, alte Pudding- und Kuchenformen zu verwenden, um ihnen noch einmal neuen Glanz zu verleihen. Diese hier habe ich zum wundervoll winterlichen Kerzengesteck umfunktioniert.

Was du für dein Wintergesteck brauchst:

- **eine alte Puddingform, Kuchenform oder Suppenschüssel**
- **Steckmasse**
- **Steckdraht zum Andrahten der Kerze**
- **eine Stumpenkerze in Weiß oder Creme**
- **Moos**
- **Hagebutten & rote getrocknete Blumen wie Lagurus, Achillea und mehr**
- **Gräser, Farn, dezente grüne Akzente wie Hafer**

Und so geht's:

1. Die Steckmasse wird trocken verarbeitet, damit die Blumen und Pflanzenteile eintrocknen und uns lange Freude bereiten. Fülle deine Form mit Steckmasse aus, damit deine Blumen gut halten. Dann kannst du die Steckmasse mit Moos bedecken.

2. Die Kerze befestigst du mithilfe von Steckdraht. Verwende ein Teelicht oder eine benutzte Kerze, zünde diese an und erhitze den Drahtstab über der Flamme. Nach ein paar Sekunden ist es kinderleicht, den Draht unten in die neue Kerze einzustecken. Um der Kerze viel Halt zu schenken, wiederhole den Vorgang dreimal und schneide die Drahtenden in der gewünschten Höhe mithilfe eines Seitenschneiders ab.

3. Nun kannst du deine Trockenblumen und Tannenzweige um die Kerzenform herum stecken. Achte dabei darauf, dass das Moos weiterhin zur Geltung kommt und nicht mit Floralien überlagert wird. Setze kleine liebevolle Akzente und verspielte Highlights, die zum Entdecken deines Winterwald-Gesteckes einladen. Vielleicht hast du auch Buchecker oder Tannenzapfen und Schätze vom letzten Spaziergang parat und kannst dein Kerzengesteck damit vollenden.

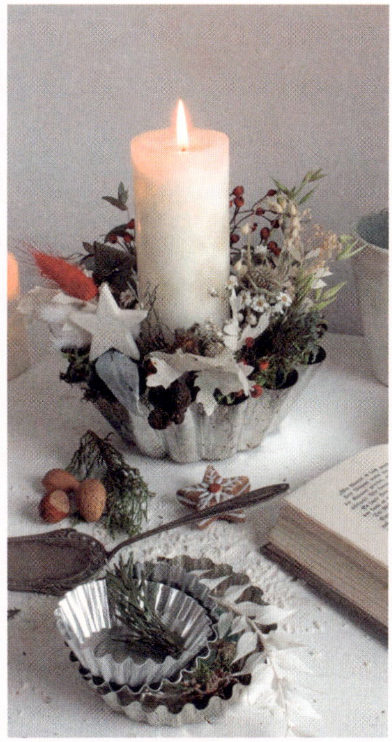

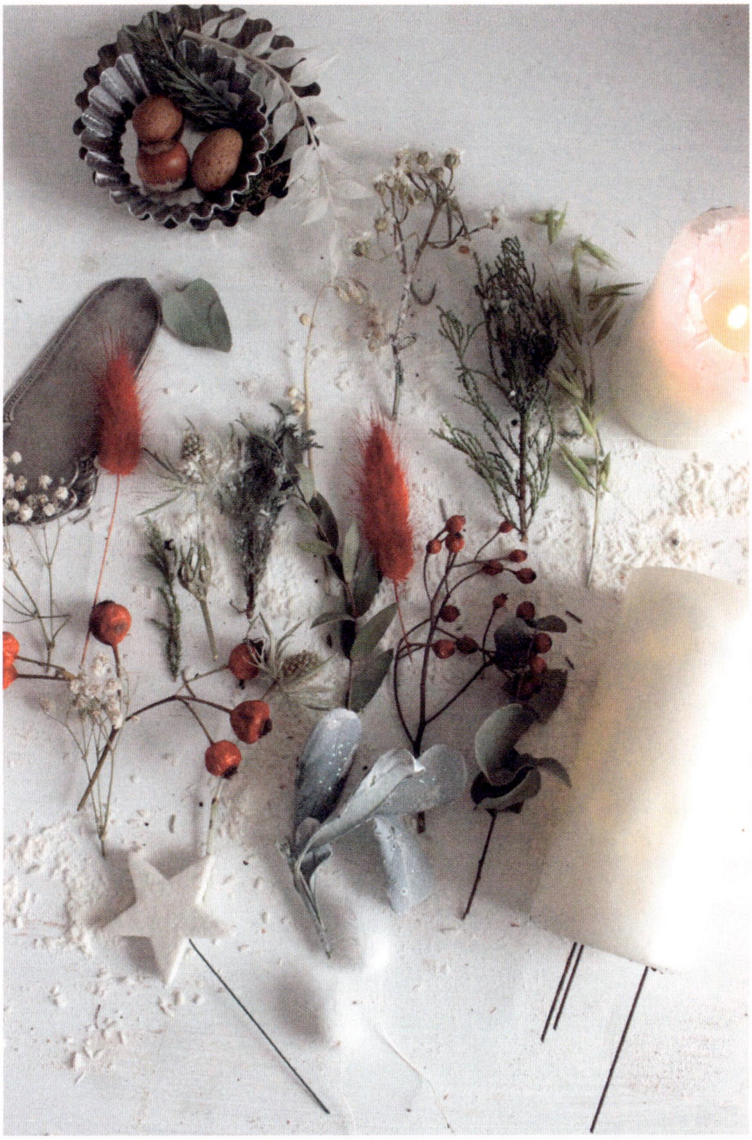

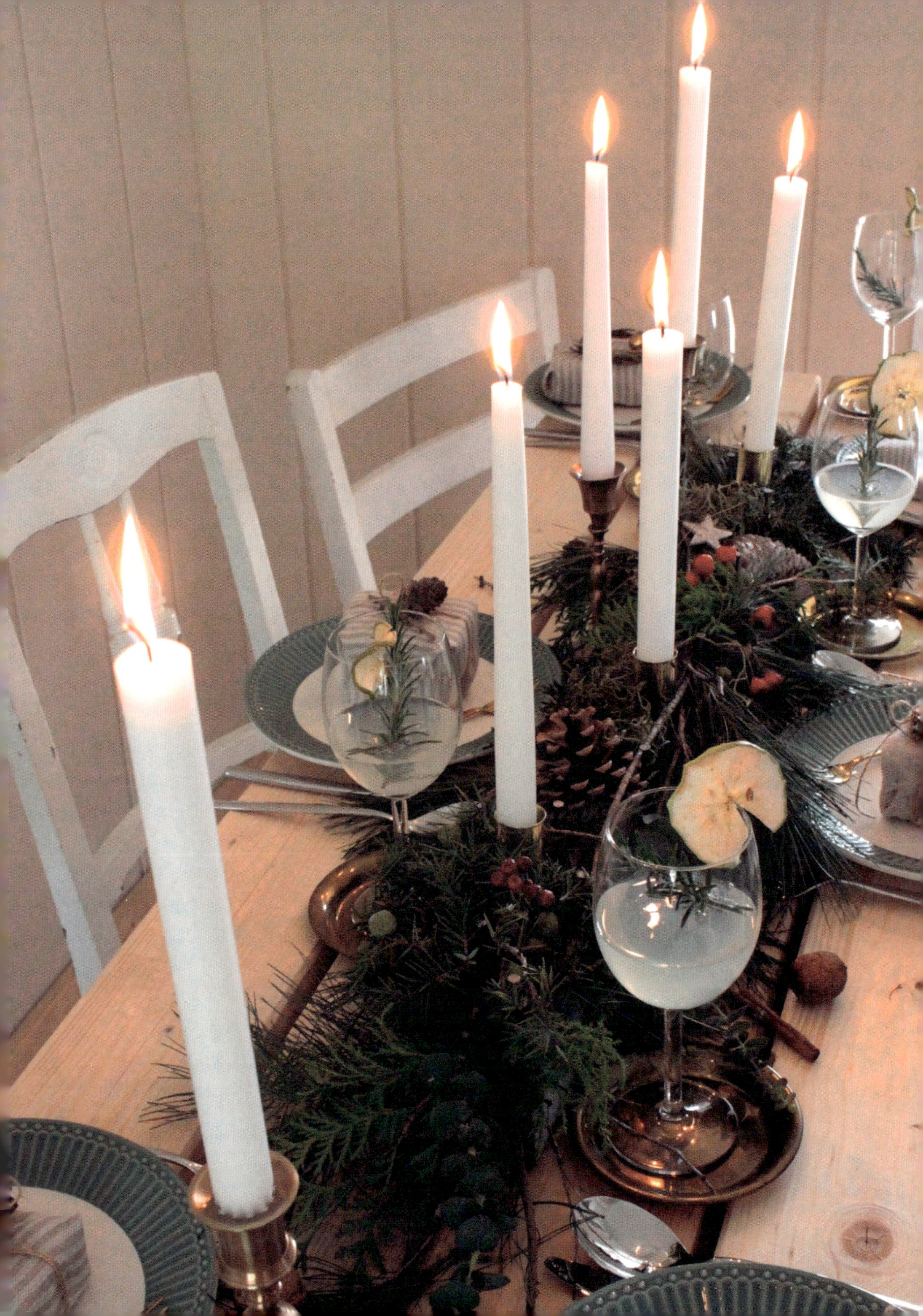

22. DEZEMBER

Festtafel

Das große Fest naht. Es wird Weihnachten und alles richtet sich darauf aus. In uns wird die Erinnerung an verzauberte Weihnachtswohnzimmer, alte Lieder und Kerzenschein wach. Die festlich gedeckte Tafel, an der die Familie in den nächsten Tagen immer wieder zusammenkommen wird, darf natürlich nicht fehlen.

Als Mittelstück gestalte ich gerne ein längliches Gesteck, welches aber ohne Steckmasse und Gefäß auskommt, sondern natürlich und elegant wirken darf. Eine Mischung aus Kerzenständern kann man wunderbar auf Flohmärkten zusammenstellen und gerade die gewollte Vielfalt macht den Charme aus. Das, was zunächst unruhig wirkt, wird durch schlichte und beruhigende Grüntöne und Zweige harmonisch geerdet. Nussige und holzige Akzente ergänzen das Gesamtbild. So entsteht ein harmonisches Stimmungsbild, das nach Schneegestöber und Waldspaziergang aussieht und am Heiligabend in Kerzenschein erstrahlen darf.

Was du für deinen Tafelschmuck brauchst:

- Kantholz in der Länge deiner Wahl
- Acrylfarbe oder Wasserfarben in natürlichem Blaugrün oder deiner Wunschfarbe, ein Pinsel, ein Wasserglas
- große Zimmermannsnägel, Hammer
- Bohrer mit ca. 4mm Durchmesser
- Kerzenständer für Stabkerzen mit Spieß (normalerweise zum Gestalten von Adventskränzen)
- weiße Stabkerzen, dazu nach Bedarf ein liebliches Kerzenständer-Sammelsurium
- Grünzweige wie z. B. Thuja, Seidenkiefer, Lorbeer, Wacholder, Tanne und Buchs sowie holzige Zweige wie Birke

Und so geht's:

1. Das Kantholz wird in deiner Wunschlänge und passend zur Tischproportion abgesägt. Wenn du ein neues Kantholz besorgt hast, dann ist es besonders schön, wenn es mit ein wenig Farbe versehen wird. Wähle z. B. Acrylfarbe in Blautannengrün und einem helleren Graublau. Die Farben dürfen sich auf dem Holz vermischen und dadurch schön unperfekt aussehen.

2. Nun kann deine Gesteckunterlage mit den Nägeln versehen werden. Diese werden später das Grundgerüst deines Zweig-Gestecks. Ordne die Nägel so versetzt an, dass die Zweige später gut in sie eingewoben werden können. Die Höhe deiner Nägel bestimmt außerdem die Höhe deines Gestecks. Ich habe hier Nägel in einer Höhe von 12 cm in mein Kantholz eingeschlagen.

3. Bevor die Zweige nun in dein wachsendes Gesteck eingewoben werden, bohre mithilfe eines Akkuschraubers kleine Löcher für die Kerzenständer mit Metallspieß in dein Holz. Achte dabei darauf, dass diese luftig verteilt sind und höher liegen als die Metallnägel.

4. Es können zunächst die langen Zweige wie Seidenkiefer und Birke zur Hand genommen werden. Diese sollten leicht biegsam sein. Lege sie in Schlangenlinien zwischen den Nägeln hin und her. Damit entsteht das Grundgerüst für das festliche Gesteck. Hast du eine stabile Basis geschaffen, dürfen jetzt nach Herzenslust die übrigen Zweige in dem Gesteck platziert werden. Achte hierbei darauf, dass die Stiele beim Einstecken gut festklemmen und nicht herausrutschen.

5. Das fertige Waldgesteck kann dann noch mit Nüssen und Zimtstangen, Zapfen und Gräsern verfeinert werden. Manche können eingebettet, manche danebengelegt werden. In die Kerzenhalter mit Stab passen weiße Kerzen. Du kannst deine Festtafel noch mit kleinen Gastgeschenken schmücken. Vielleicht möchtest du hierzu unsere Verpackungsidee von Seite 36 verwenden.

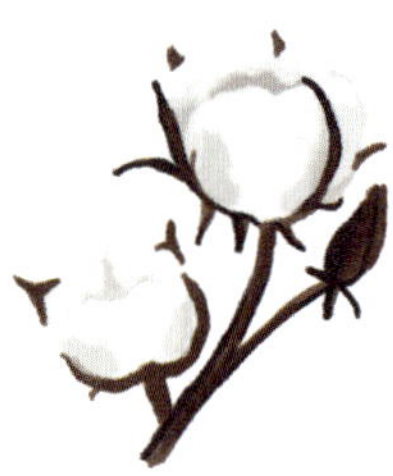

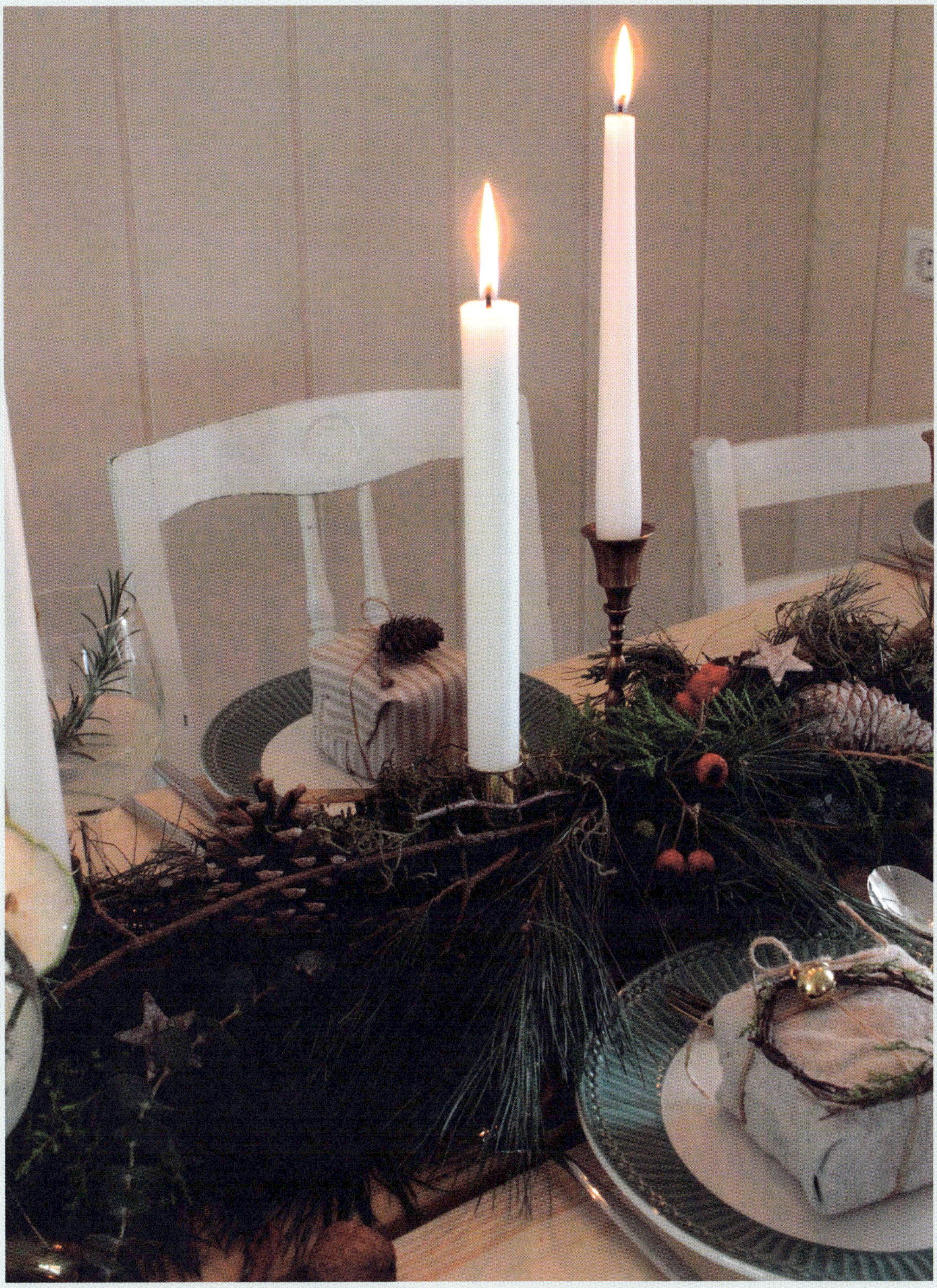

23. DEZEMBER

Christrose - Helleborus

Jedes Jahr zur Weihnachtszeit begrüßt uns in den Vorgärten und manchen Parks eine unerwartete Schönheit inmitten des rauen Winterwetters. Viele von uns kennen sie und doch sind wir immer wieder von ihr fasziniert: die Christrose, auch genannt Schneerose. Sie blüht trotz Kälte und wintergrauen Tagen und schenkt uns eine beeindruckende Blütenpracht, die trotz ihrer Fülle und ihrer Standhaftigkeit zart und leicht wirkt. Man darf sie in den Wintermonaten meist von November bis März bestaunen und sie blüht in Weiß, Rosa oder auch besonderen Beerentönen.

Was du beachten musst, wenn du Christrosen in deinem Winterwohnzimmer genießen möchtest:

In warmen und beheizten Räumen sind Christrosen nicht beheimatet. Dennoch gibt es eine Möglichkeit, ihre hübschen Blüten auch zu Hause zu genießen. In der Vase zum Sträußchen verarbeitet, halten die Christrosenblüten einige Tage. Wichtig ist hier, dass man den Stiel nicht nur unten schräg mit einem scharfen Küchenmesser anschneidet, sondern die Stiele außerdem unten an der Schnittstelle einschlitzt.

In Gärten wächst sie am liebsten im Halbschatten, beschützt und geborgen in der Nähe von Büschen und unter Bäumen. Sie schätzt einen Standort, an dem Laubbäume ihre schützenden Blätter im Herbst fallen lassen, unter denen sie sicher gedeihen kann. Im Frühjahr und Sommer zieht sich die Pflanze vollständig zurück und spart ihre Kräfte auf, um uns dann im Winter wieder mit ihrer Schönheit zu überraschen.

Die Bedeutung dieser besonderen Pflanze wird auch durch ihren Namen deutlich. Für die Menschen bedeutete sie Unschuld und die Hoffnung auf die Geburt Jesu Christi.

Sie versprüht fast schon eine poetische Atmosphäre und kitzelt in mir die Stimmung von geheimnisvollen Spaziergängen durch winterliche Parkanlagen und Gärten wach. Sie wirkt andächtig und kostbar und zwischen Bäumen und Sträuchern schützenswert geheimnisvoll.

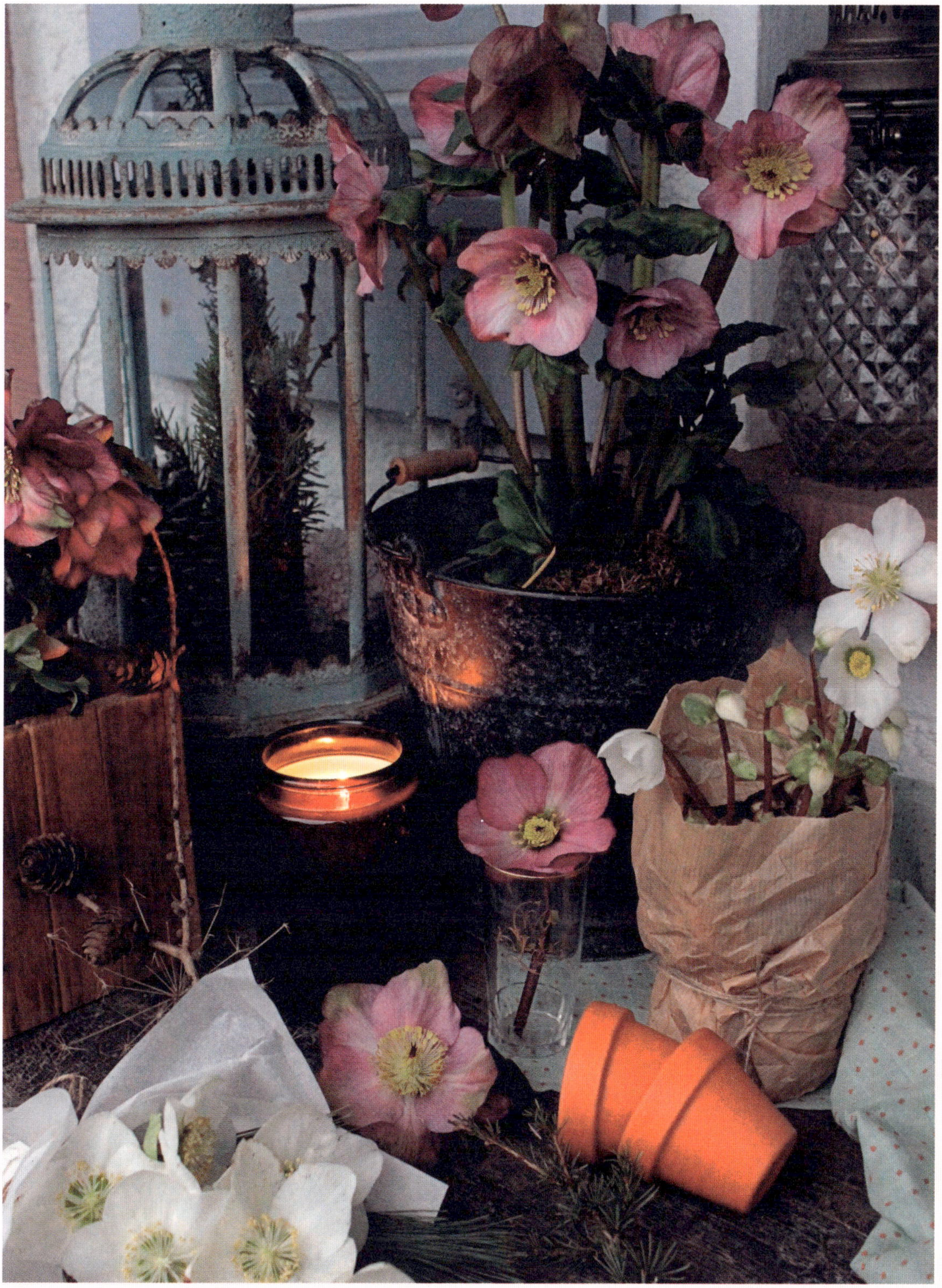

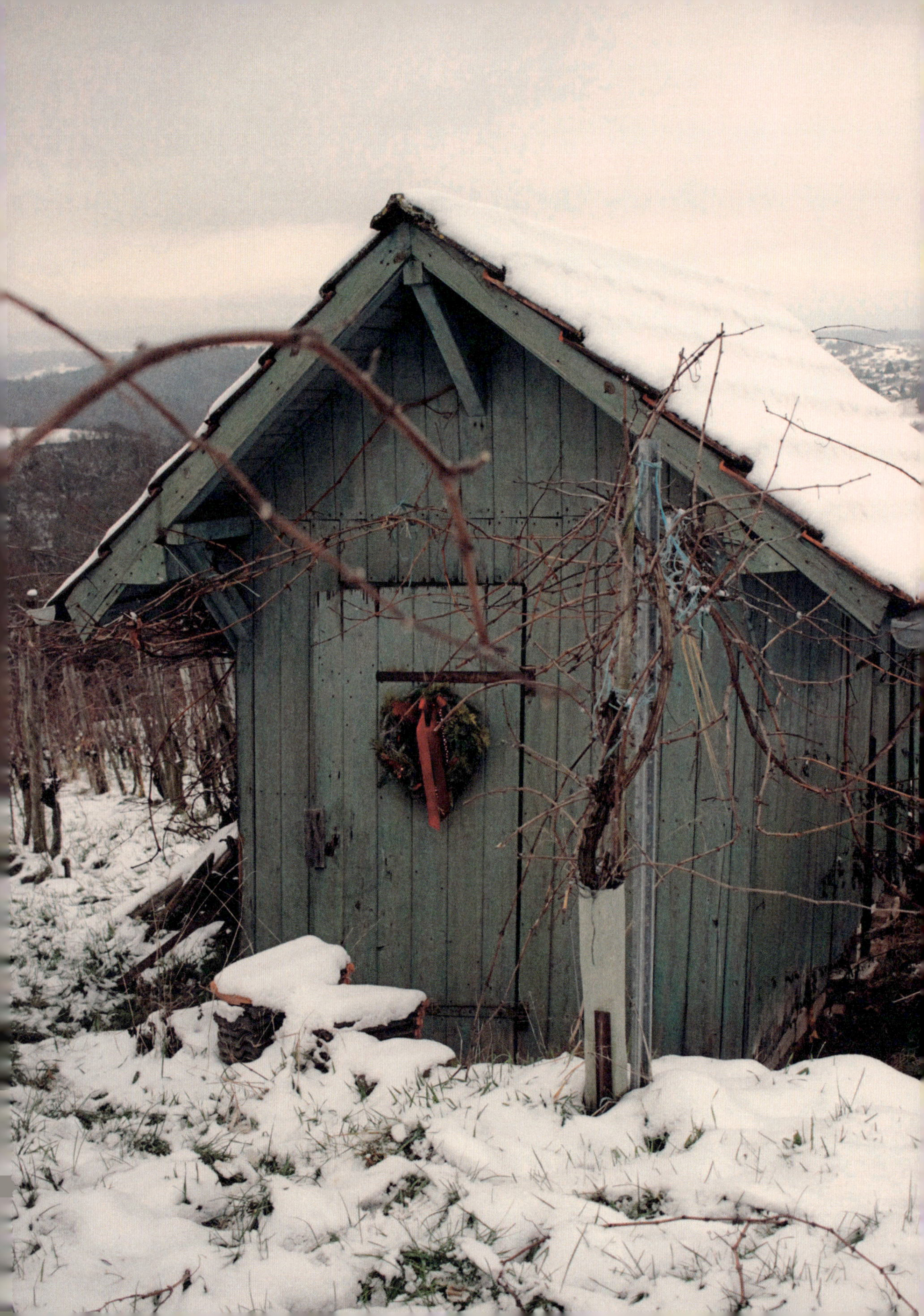

24. DEZEMBER

Heilige Familie - einfach sein

Heute ist es so weit. Der Heiligabend steht vor der Tür. In den umliegenden Häusern und Wohnungen wird emsig alles vorbereitet und hergerichtet. In diesem Trubel möchte ich dir einen Moment Ruhe schenken und dir ermöglichen, dich darauf zu besinnen, was Weihnachten eigentlich für eine Geschichte erzählt.

Als ich in den Weinbergen im Schnee spazieren war, sah ich windschiefe kleine Hütten. Manche in die Jahre gekommen, manche schäbig und dennoch strahlten sie alle eine gewisse Behaglichkeit aus, an diesem rauen Wintertag. Und ich erinnerte mich an die heilige Familie, an die Geschichte von Maria und Josef, die verlassen und suchend durch die Dunkelheit liefen, um einen Ort zur Rast zu finden, um zu Kräften kommen zu können.

Dieses Weihnachten ist kein Fest der Perfektion, der To-do-Listen und des Glanzes gewesen. Es war ein Hoffen auf ein Wunder, welches für diese Familie einen sicheren Unterschlupf in ärmlichen Verhältnissen bot. Sie kamen in keiner Herberge unter, kein Haus hatte mehr Platz für die hochschwangere junge Frau und ihren Mann. In einem Stall ein Kind zur Welt zu bringen, war sicherlich auch zu den damaligen Verhältnissen nichts, was üblich war und einer werdenden Mutter zu Gelassenheit verhalf. Es war eine Notunterkunft. Wie verzweifelt wären wir wohl, in einer solchen Situation? Wären für uns danach ein Unterschlupf, eine bewältigte Geburt und ein gesundes Kind nicht auch ein Wunder?

Diese Geschichte lässt mich selbst immer wieder demütig werden. Wie oft legen wir unsere Messlatten an ein Event oder festlichen Anlass, wie Weihnachten es ist, viel zu hoch. Was braucht es aber wirklich? Wie können wir einfach echt sein und dankbar für das, was uns geschenkt ist und uns umgibt?

Was sind für dich die wesentlichen, unverzichtbaren Dinge, um Weihnachten feiern zu können?

Weihnachten hängt nicht von deiner Machbarkeit ab oder dem, was du leistest. Weihnachten passiert heute für so viele Menschen auf der Welt gleichzeitig. Aber es ist einfach da und will von dir gefeiert werden.

Vielleicht können wir uns an diesem Heiligen Abend daran erinnern, dass wir beschenkt sind und dass wir den ein oder anderen Punkt auf unserer Liste auch sein lassen dürfen.

»Einfach sein«. Sein, wie wir sind. In der Einfachheit die Schönheit entdecken.

Und vielleicht erleben wir ja in dieser Einfachheit ein kleines Wunder, etwas Unerwartetes, das wir sonst im Trubel übersehen oder gar nicht gewürdigt hätten.

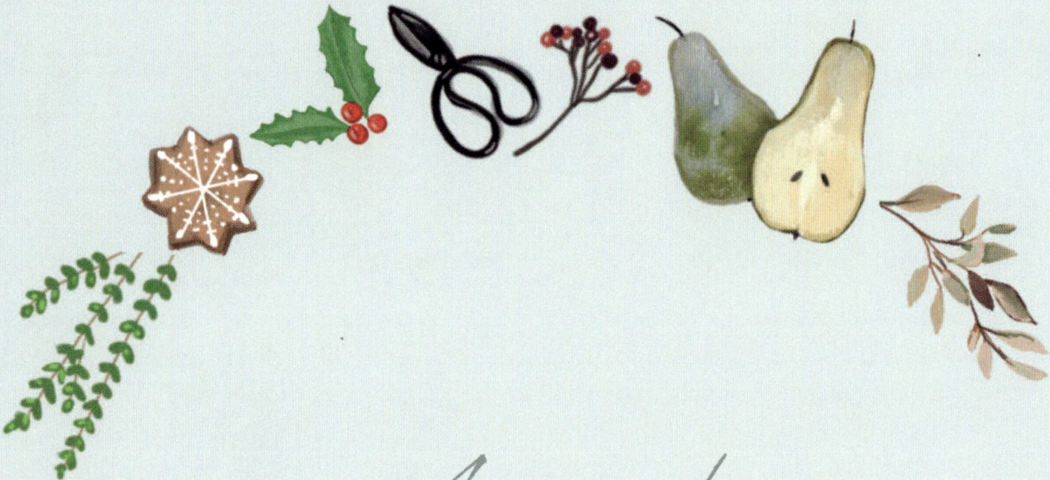

Advents-Rückblick

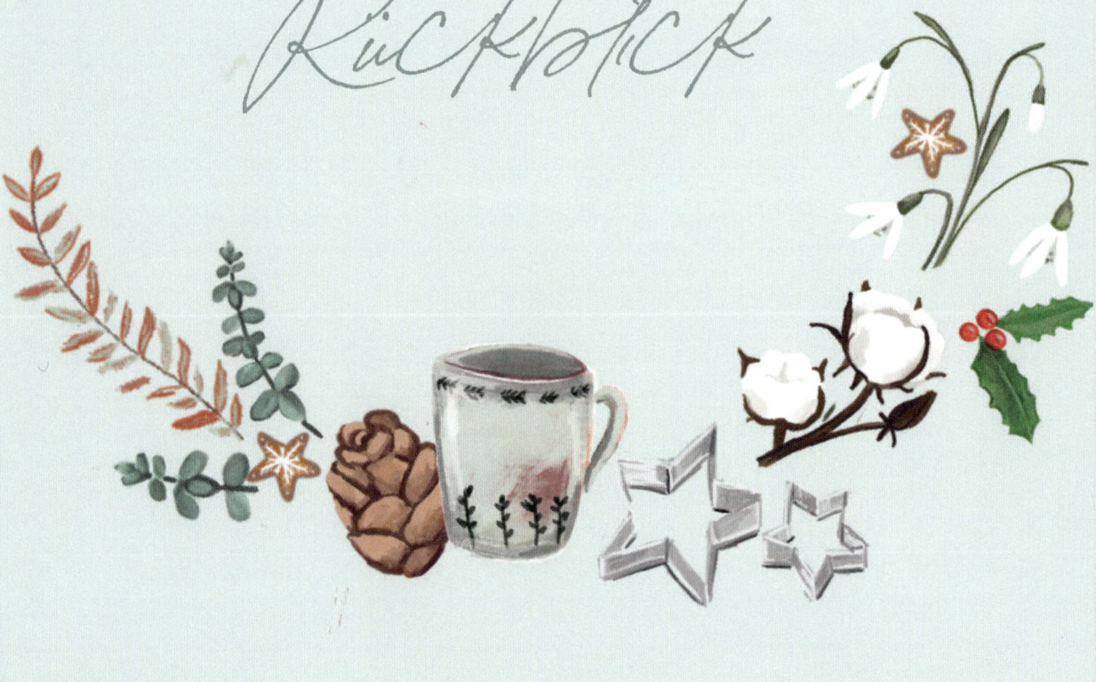

WAS WAR GUT, WAS HAT SICH VERÄNDERT,
WAS HABE ICH GELERNT, WAS IST NOCH ZU TUN ...

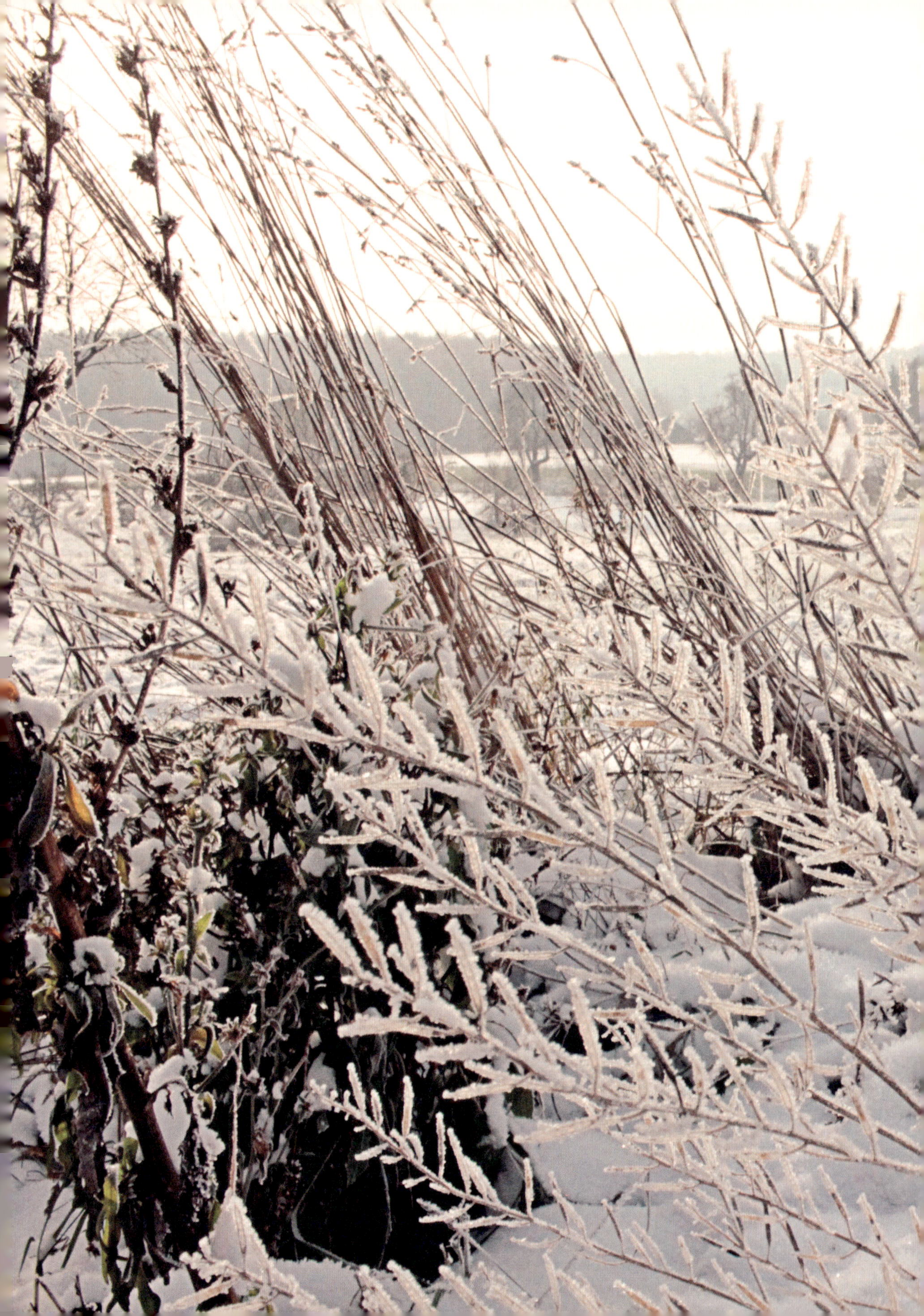

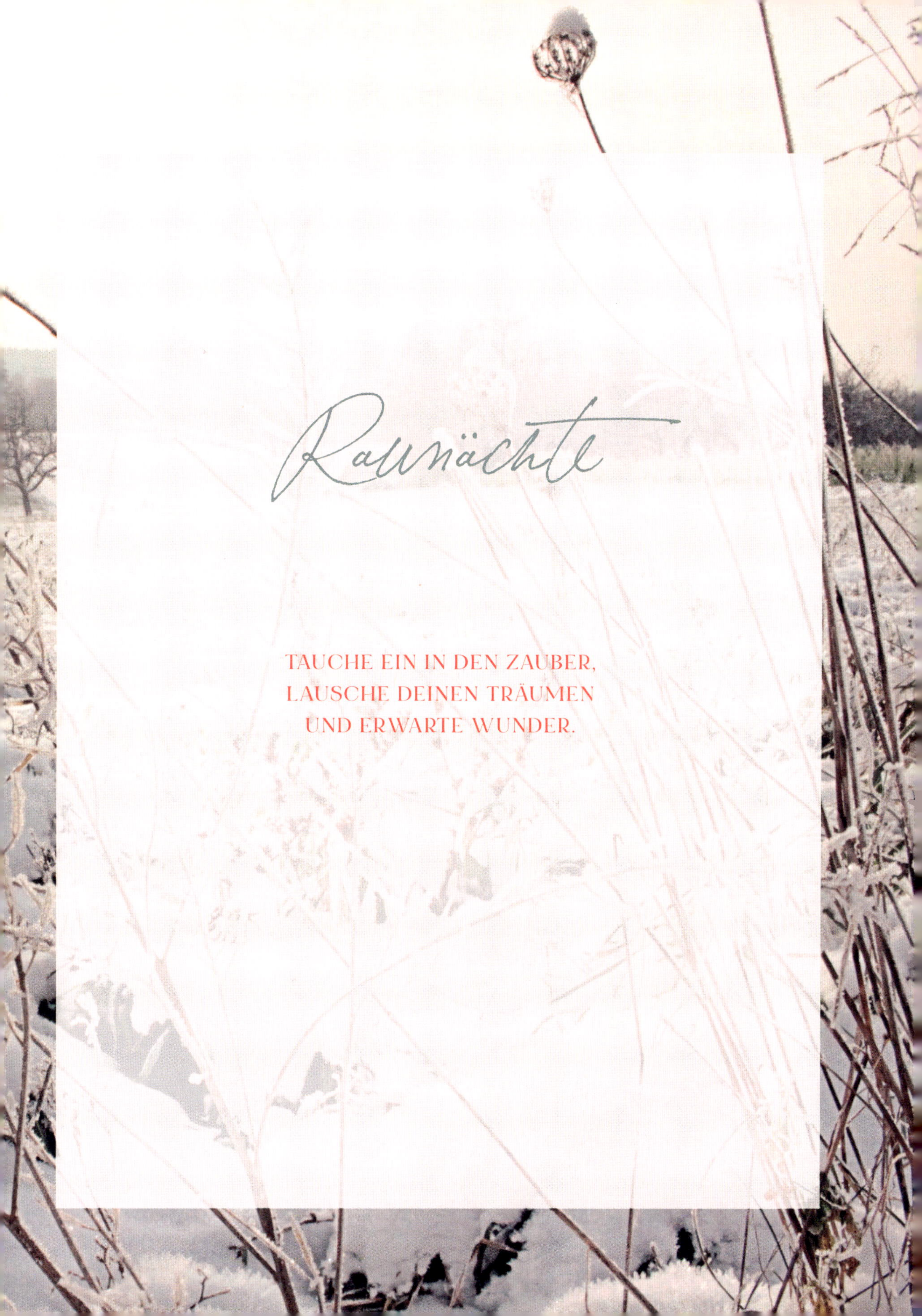

Raunächte

TAUCHE EIN IN DEN ZAUBER,
LAUSCHE DEINEN TRÄUMEN
UND ERWARTE WUNDER.

Die Raunächte

Es beginnt eine mystische Winterzeit. In der Nacht vom 24. auf den 25. Dezember beginnen zwölf heilige Nächte, die auch als Raunächte bekannt sind. In dieser Zeit ist es alte Tradition, auf seine Träume zu achten oder ein Traumtagebuch zu führen. Es ist die Zeit zwischen dem Alten und dem noch nicht Angebrochenen, eine Zeit der tiefen Winterdunkelheit. Die Menschen, insbesondere die Germanen, sprechen dieser Zeit einen besonderen Zauber zu.

Man vermutet, dass die Raunächte auch dem alten germanischen Mondkalender entstammen. Da dieser nur 354 Tage statt 365 Tage zählt, fehlen elf Tage, die auch »Zeit zwischen den Jahren« genannt wurde.

Die Menschen hatten ein strenges Arbeitsverbot, Frau Holle, Percht und Wotan sollten darauf achtgeben, dass in dieser Zeit die Ruhe eingehalten wurde und niemand seiner Arbeit nachging. Es war somit eine Zeit der Geselligkeit und Gemeinschaft. Menschen erzählten Geschichten, räucherten ihre Häuser und Ställe mit Weihrauch aus, um das Alte zu vertreiben, und segneten die Wohnorte. In diesen Nächten wurde den Tieren die Gabe des Sprechens nachgesagt und die Menschen versuchten, den Übergang in das Neue gut zu gestalten.

Auch heute können wir darauf achten, die Gemeinschaft und Besinnlichkeit zu bewahren, Streit zu schlichten, Schulden zu begleichen, und unser Zuhause zu ehren und reinigen.

Jede Nacht steht dem Brauch nach für einen Monat des kommenden Jahres, aber auch Namenstage und biblische Geschichten haben diese Zeit besonders geprägt. Sie ist gefüllt mit alten Bräuchen, um das Vergangene loszulassen, zu überdenken und sich vorzubereiten auf das Neue, das kommen möchte. Die Natur befindet sich scheinbar noch in einem tiefen Winterschlaf, im Verborgenen wächst und gedeiht sie aber bereits. Erste Knospen reifen an den Zweigen und sind noch eingehüllt und geschützt vor Frost und Kälte. Die Natur bereitet sich vor.

Ich möchte dir ermöglichen, dich auf diese Zeit ganz neu einzulassen.

In unserer heutigen Schnelllebigkeit hetzen wir von Ereignis zu Ereignis. Jedoch sind es oft die Zwischenzeiten, Wartephasen und Ausharrmomente, in denen wir uns selbst vorbereiten können.

Die kommenden Tage sind für dich mit kleinen Anreizen und Ideen versehen, sodass du etwas über die Raunächte und ihre Bedeutung erfährst, zugleich aber die Möglichkeit bekommst, alte Bräuche auf moderne Art und Weise in deinen Alltag zu integrieren.

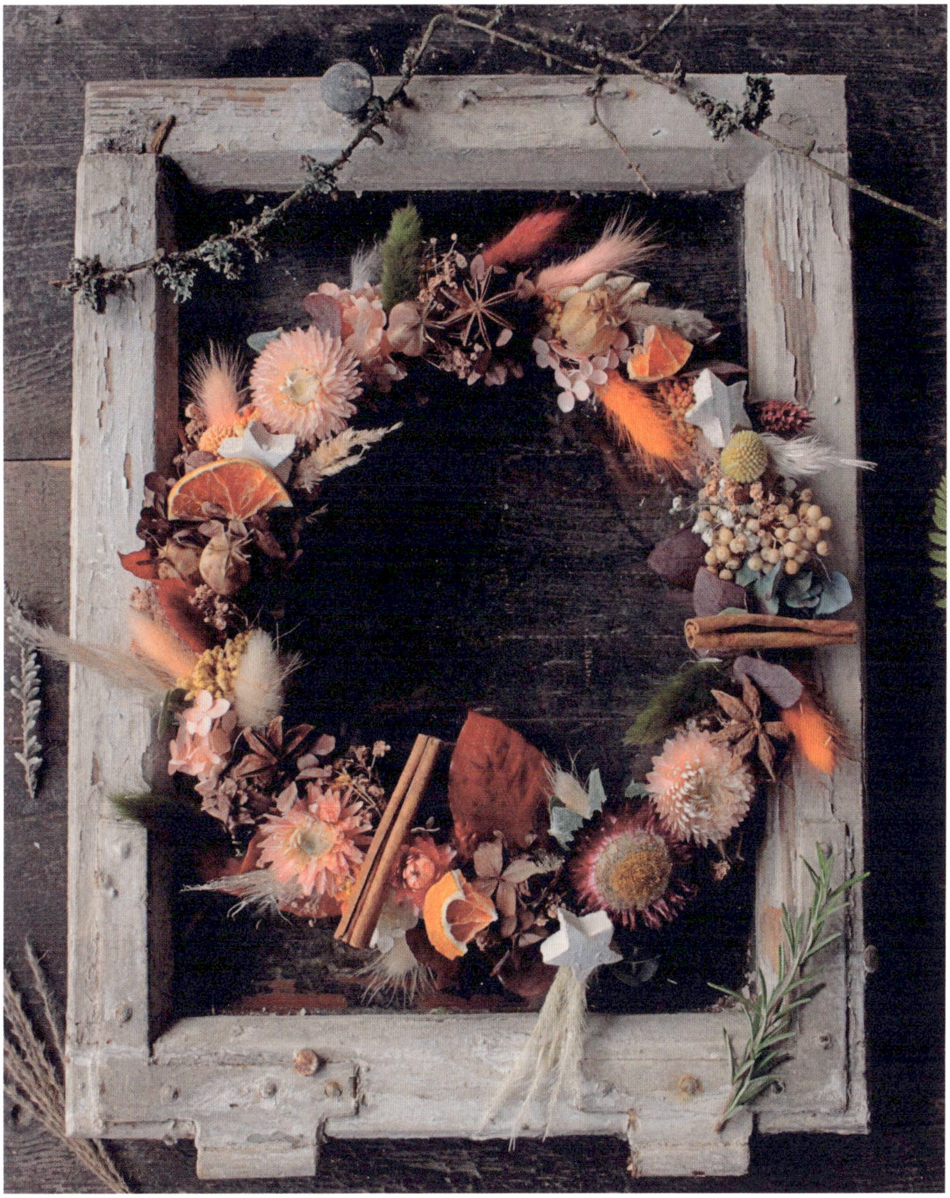

Vielleicht möchtest du dir für diese Zeit ein Notizbuch anlegen und deine Gedanken, Träume und Ideen notieren.

Du kannst diese Phase annehmen, um dich selbst und deinen Jahresrückblick zu reflektieren, Vorsätze zu formulieren und deine Ressourcen anzusehen, die dir neue Türen und Wege offenbaren werden.

Schenke dir selbst eine Übergangszeit, sodass das weihnachtliche Licht noch in dein neues Jahr hineinleuchten, dich inspirieren und ermutigen darf.

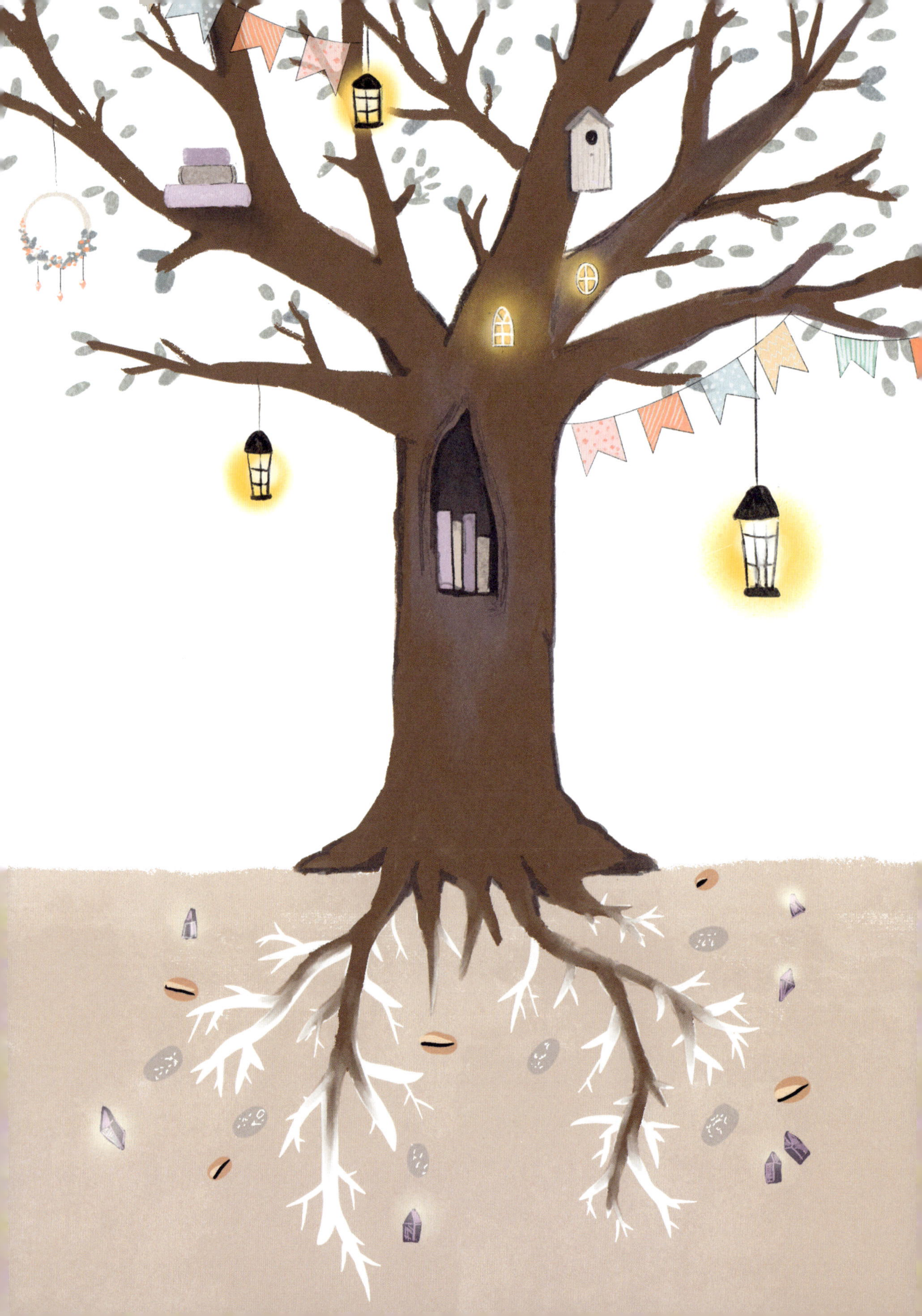

25. DEZEMBER – 1. RAUNACHT

Meine Wurzeln

Es ist der erste Weihnachtsfeiertag und damit die erste Raunacht. Sie steht, wie jede andere Raunacht, für einen Monat des kommenden Jahres, in diesem Fall den Januar. Außerdem bringt sie traditionell ein besonderes Thema mit. In dieser Raunacht kannst du dich auf den Gedanken unserer Wurzeln und unseres Fundaments fokussieren und deine Gedanken darauf ausrichten. Was sind deine Wurzeln? Was sind Grundfeste, auf die du vertrauen kannst? Was ist dein fester Halt? Ich hoffe, folgende Zeilen können dich bei diesen Gedanken inspirieren.

Wurzeln

Wofür bin ich gemacht?
Was ist für mich ein guter Boden?
Was brauche ich und welche Erde hat mich schon zum Erblühen gebracht?

Was gibt mir Halt?
Sodass ich wachsen kann und erstrahlen
in meiner schönsten, mir vorbestimmten Gestalt?

In welcher Erde möchte ich gedeihen,
Zuflucht finden und mich auch einmal vergraben,
wem möchte ich vielleicht selbst Halt verleihen?
Und wie kann ich auch mal schwere Lasten tragen,
um selbst nicht umgeweht zu werden
im nächsten Sturm;
Wie bin ich: zarte Pflanze, Baum oder starker Turm?

Was gibt mir Kraft, was sind Nährstoffe, die
meine Wurzeln aus den Gesteinsschichten ziehen;
Wovon zehre ich, wenn meine Kräfte einmal fliehen?

Worauf kann ich fest vertrauen?
Worauf will ich mein Zuhause bauen?
Was ist es, was mich wieder zurückführt,
wenn meine Seele sich in dieser Welt verirrt.
Woran glaube ich?
Woraus schöpfe ich meine Kraft?
Was verbindet meine Wurzeln,
wenn auch einmal ein breiter Spalt in meinem Innern klafft?

Und auch, wenn ich es nicht immer sehe:
Zwischen meinen Wurzeln liegt ein Schatz vergraben.
Meine Sehnsüchte, Freundschaften, meine Kindheit und meine Gaben.
Halt findet, wer seine Wurzeln kennt, denn:
In meine Tiefen immer wieder hinzusehen
und zu vertrauen, ist letztlich mein stärkstes Fundament.

Meine Wurzeln sind stark und ich weiß,
ich kann tragen und ich darf mich weiter entfalten,
Stürmen trotzen und Unwettern standhalten.

Ich werde meine Arme in den Himmel strecken
und meine Freude nach jedem Winter
erneut und mutig auferwecken.

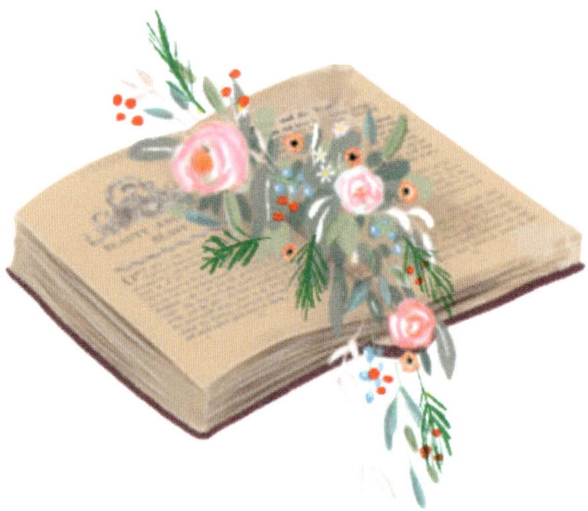

WAS SIND MEINE WURZELN?
WORAUF KANN ICH BAUEN?

26. DEZEMBER – 2. RAUNACHT

Der Meister in mir

Wenn du das hier liest, findest du dich inmitten von Weihnachten wieder. Vielleicht sind deine Weihnachtstage turbulent und mit Leben erfüllt. Vielleicht sind sie besinnlich und leise wispernd.

Ich wünsche dir, dass du einen Moment findest, um diese Zeilen zu lesen. Denn gerade in diesen Tagen schwebt ein besonderer Zauber in den Räumen und unsere Herzen versuchen, ein wenig die Zeit anzuhalten.

Für mich ist Weihnachten eine Zeit voller familienbunter Augenblicke, aber auch angefüllt mit andächtigen Momenten des Staunens, der Stille, der Tagträume, des Nichtstundürfens und dem Geruch von Buchseiten. Ich möchte dir gerne heute ein kleines Gedankenspiel schenken.

Die heutige Raunacht befasst sich mit dem Thema der Gaben und unseres inneren Potenzials. Was ist in uns angelegt? Was sind Meister in mir? Womit sind wir beschenkt?

Erinnere dich an all die Bücher, die du in deinem Leben bisher lesen durftest. An die spannenden Figuren, die du kennenlernen konntest. Du hast sicherlich so manche Romanfigur durch ihre Höhen und Tiefen begleitet. Oder ein liebevoller Kinderbuchcharakter ist dir beim Vorlesen begegnet.

Hast du dir schon einmal die Frage gestellt, was Buchfiguren dir über dich selbst verraten können?

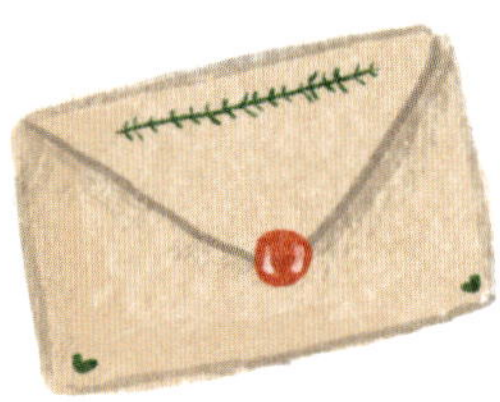

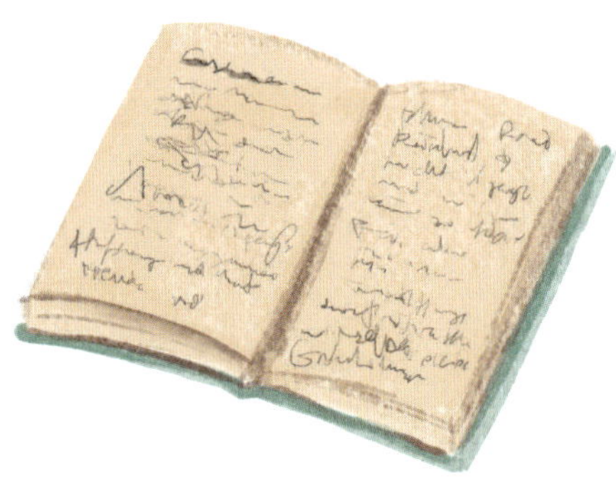

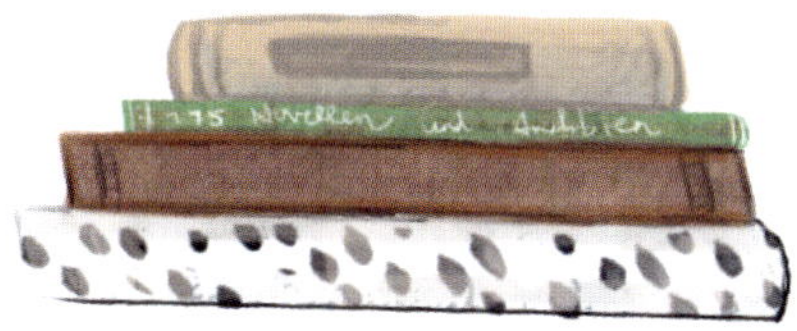

Wenn du neugierig geworden bist, fühle dich eingeladen, folgendes Gedankenspiel einzugehen:

1. Stelle dir deine Lesemomente und Buchabenteuer vor. Egal wie lange sie zurückliegen, es können Kindheitserinnerungen und erste Leseversuche oder gerade erst kennengelernte Protagonisten und Nebenfiguren eines Romans oder einer Kurzgeschichte sein. Mit welcher Figur sympathisierst du? Mit wem fühlst du besonders mit. Egal ob Prinzessin Lisi von Jim Kopf und Lukas oder Anne auf Green Gables, auch Harry Potter ist erlaubt. Wähle ganz bewusst einen Charakter aus, bevor du weiterliest.

2. Wenn du den Charakter deiner ausgewählten Buchfigur betrachtest, deren Lernerlebnisse, deren Schwächen, Stärken, Veranlagungen und deine Vorstellung dieser Figur: Welche Parallelen entdeckst du vielleicht zu dir? Ist es eine Erfahrung, die ihr teilt? Ein Denkmuster?

3. Lasse zu, dass deine Buchfigur dir die kommenden Tage immer wieder in deinen Gedanken begegnet, und betrachte sie. Erlaube dir, sie noch einmal neu kennenzulernen, und freue dich über kleine Erkenntnisse und Entdeckungen, warum du mit dieser Figur so eine Verbindung aufgebaut hast.

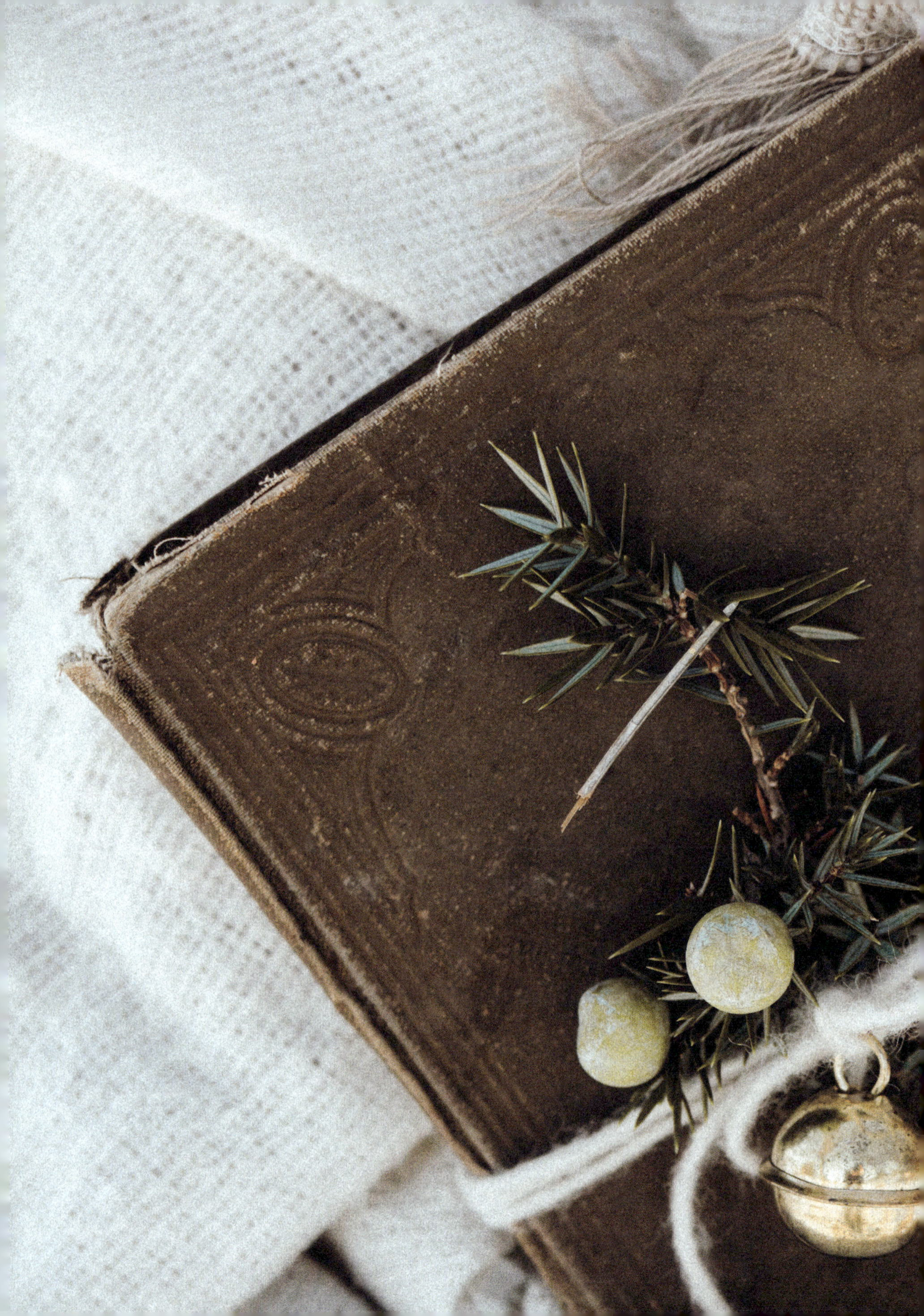

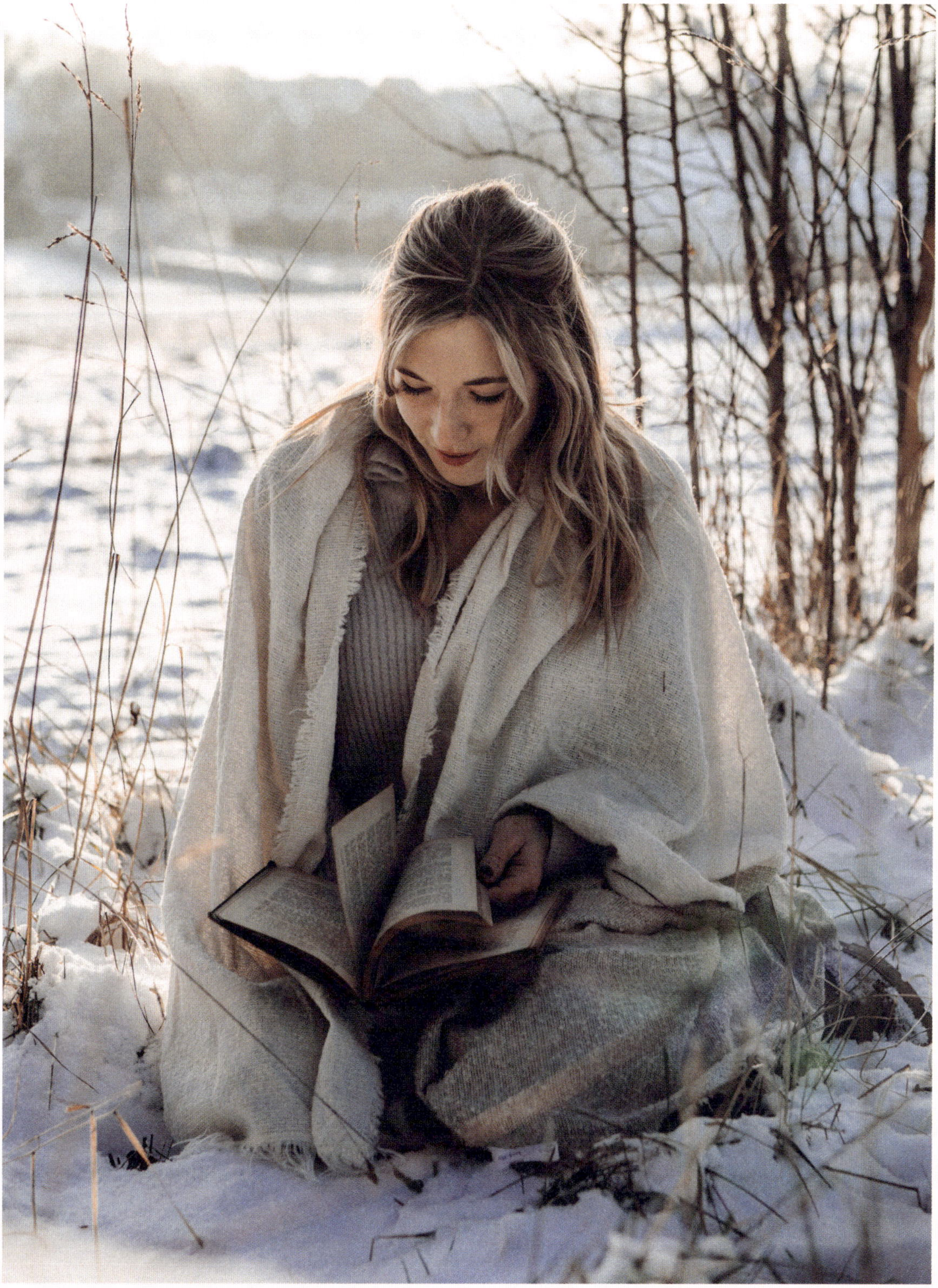

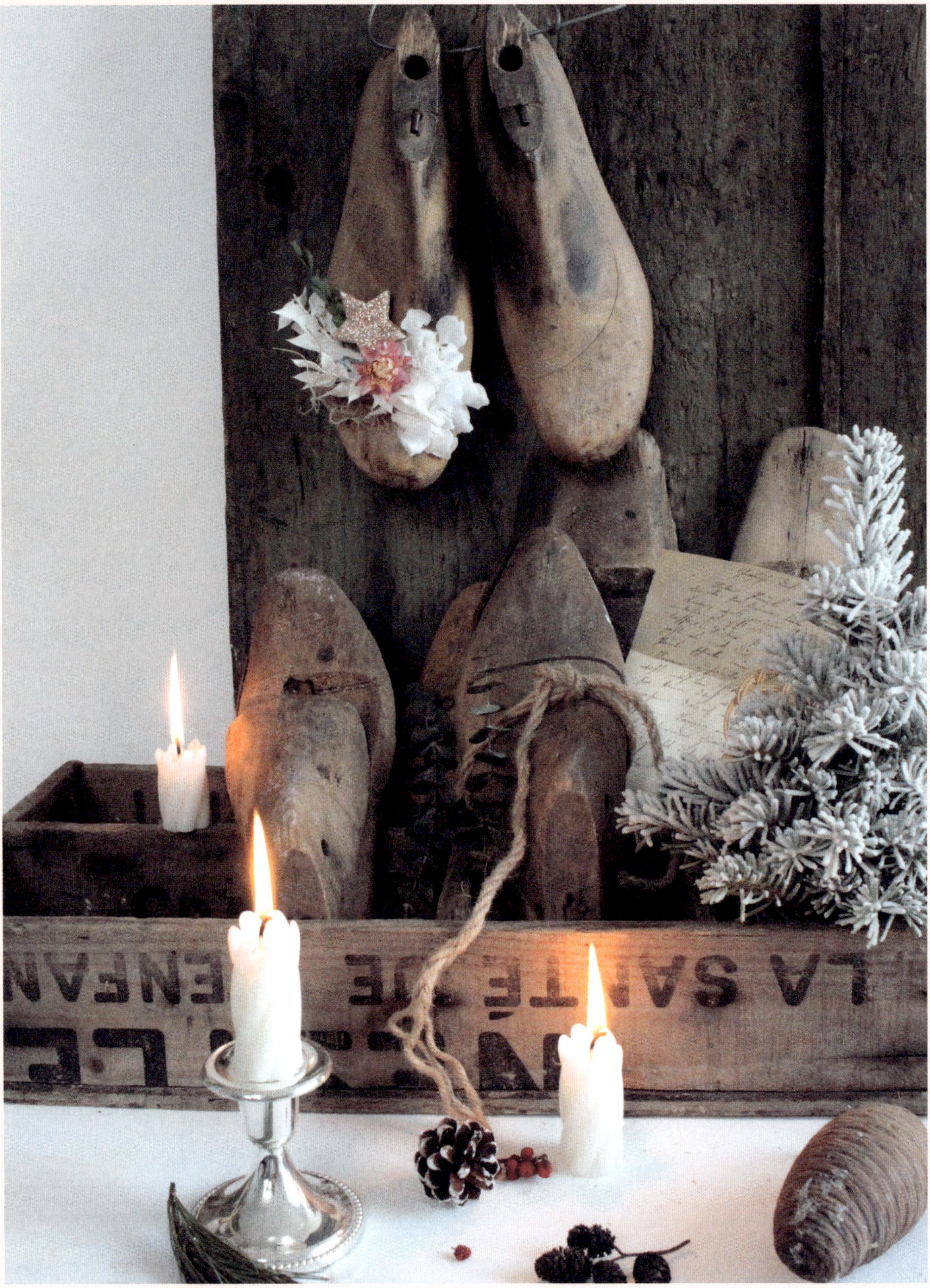

27. DEZEMBER – 3. RAUNACHT

Wunder, Gnade & Herzensöffnung

Der Schuster und seine Leisten

Theodor saß auf seinem Holzschemel und legte die Ahlen und Nägel vor sich zurecht, um eine neue Schuhsole an einem Damenschuh zu befestigen. Die Auftraggeberin war eine treue Seele, wo sie doch ihre Schuhe viel günstiger bei dem neuen Schuhladen um die Ecke kaufen konnte. Der bezog seine Schuhe von der großen Fabrik. Viele Maschinen hatten die Fabrikleute angeschafft und vergessen, wie man die Holzrohlinge und Leistenmodelle auf die Füße der Kunden anpasste. Theodor glaubte nicht an dieses Konzept. Zu wertvoll war ihm sein Handwerk geworden, zu viele Jahre war er auf seiner Lehre von Werkstatt zu Werkstatt gepilgert und hatte sich mühevoll seinen Namen gemacht. Jeden Hammer, jeden Riemen kannte er in dieser Stube und doch würde die kleine Glocke an der Eingangstür nicht mehr klingeln, sie würde leiser und leiser werden, das wusste er. Inzwischen fiel es ihm schwer, gutes Leder zu kaufen oder sein Werkzeug beim Schmied schleifen und auffrischen zu lassen. Seine so gute und geschätzte Arbeit litt. Und seine Schusterseele ebenso.

»Sei kein Narr«, sein Freund lief in der Werkstatt auf und ab. Draußen vor dem kleinen Fenster schneite es auf die Kopfsteinpflasterstraße. »Nicht jeder hat eine solche Chance. Du könntest dich glücklich schätzen, die Arbeit im Schuhwarenladen anzunehmen.« Theodor schüttelte nur den Kopf. Er hatte das Angebot bekommen, seine Kenntnisse über Passformen und Schuhkomfort in einem neuen Schuhgeschäft einzusetzen und eine Stellung anzunehmen, die seinem Handwerk in keiner Weise würdig erschien. Der Rat seines Freundes, aus wohlhabender Familie stammend, war ihm immer willkommen gewesen. Aber nicht in diesem Fall. Theodor glaubte, dass niemand ihn verstehen könnte.

Am Abend schloss er seine Werkstatt mit dem kleinen Verkaufsraum ab und ertappte sich bei dem Gedanken, wie lange er wohl noch die Werkstatttür am Ende eines Tages schließen würde, bis das Geschäft leer geräumt und die Werkstatt samt dem kleinen Wohnhaus verkauft werden müsste. Ein bitterer Schmerz stach ihm in seine Kehle.
Er lief die schmale Stiege zu seiner Wohnung hinauf. In der Luft lag der Geruch von Schnee und Schornsteinrauch in klirrender Kälte.

In den Tagen vor Weihnachten hatte Theodor einen kleinen Hoffnungsschimmer, denn er bekam ein paar mehr Anfragen und Aufträge in der Werkstatt. Doch meist stellte sich heraus, dass er nur mehr Flickarbeiten und Säuberungen an den Schuhen vornahm, und auch diese würden nachlassen. Da nun doch der Neukauf eines Schuhpaars nahezu günstiger zu werden schien, als den alten Schuster für seine Dienste und Reparaturarbeiten zu bezahlen.

Es kam der Heiligabend und Theodor saß mit seiner Frau zusammen. Sein Sohn, der in der Ferne zu studieren begonnen hatte, war zu Besuch gekommen. Der Baum glänzte und schimmerte im Licht der Kerzen und der Tisch war bestückt mit dem feinen Familiengeschirr. Alles sah so festlich aus und friedlich, dass man kaum glauben konnte, wie wenig Arbeit und wie wenig Vermögen nun noch übrig geblieben war. Alles glänzte wie immer, nur Theodors Herz wog zentnerschwer. Unter dem Baum lag ein kleiner, versiegelter Brief, mit einem Zypressenzweig und schmalem Band unter dem verheißungsvollen Siegel. Seine Frau holte ihn hervor und legte ihn Theodor in den Schoß, als wüsste sie bereits von der Überraschung.

Theodor bemühte sich zu einem Lächeln, als er die Schrift seines lieben Freundes erkannte. Wie immer reinlich und ordentlich zu Papier gebracht stand da: In schweren Zeiten ein wenig Kultur und Musik.

In dem Kuvert lagen Karten für das Theater. Die Oper von Vincenzo Bellini – »Norma« wurde aufgeführt. Wie oft hatte Theodor die hell erleuchteten Theaterfenster gesehen und immer daran gedacht, hineinzugehen. Längst hatte er geglaubt, diese Zeiten waren vorüber, und so spürte Theodor ein wenig Freude und zugleich Beschämen über das gütige Geschenk.

Zwischen den Jahren sollte die Aufführung sein. Seine Frau hatte ihr feinstes Kleid mitsamt Hut und frisch gebügelten Bändern unter ihren warmen Mantel angezogen. Die Aufregung schwebte in den Räumen ebenso wie der Duft von Tannenzweigen und Pfefferkuchen.

Das Opernhaus war warm und hell erleuchtet. Die Hallen waren gefüllt mit Stimmengemurmel und neuen Begegnungen. Einflussreiche Menschen wurden einander vorgestellt, junge Frauen trafen im Beisein der Eltern potenzielle Verehrer und inmitten dieser betuchten Gesellschaft fand sich Theodor wieder, am Arm seine Frau. Immer wieder verbarg er hinter seiner Hand seine Halsbinde, die wohl etwas aus der Mode gekommen war, und auch die Krempe seines Hutes war an einer Stelle etwas aufgeraut. Seine Schuhe allerdings waren nicht nur makellos sauber, sondern es waren seine besten Stücke und er hatte sie mit viel Geduld und Zeit gefertigt, wann immer er an geschäftigen Tagen einmal einen Moment übrig gehabt hatte. Diese trug er mit Würde.

Sie nahmen ihre Plätze an einem Rang ein wenig abseits ein und blickten auf das Schauspiel, das sich ihnen bot. Eine Vielzahl an Menschen füllten die Reihen und Logen, jeder von ihnen kämpfte um seinen Platz in dieser Welt. Der eine leise und züchtig, der andere vorlaut und zielstrebig. Nur Theodor wusste nicht mehr, wohin er gehörte.

Die Oper begann und das Paar wurde in eine andere Welt voller Dramatik, Seelenleiden, Verzweiflung und zutage tretender Emotionen getragen. Theodor hörte nicht nur die Stimmgewalt und das Orchester, sondern er sah in das Gesicht der Sängerin, welche die Rolle der Norma spielte. Die wallenden Gewänder und Tücher machten ihre Gestalt anmutig und gewaltig zugleich. Ihre Hände trugen die Töne in die Massen und ihre gesamte Erscheinung war wie aus einer anderen Zeit. Sie tat einen Schritt nach vorne und kaum merklich rutschte ihr Gewand über das Schuhwerk, das den Augen des gelernten Schusters nicht entgehen konnte. Ein Wimpernschlagmoment, ein kleiner Augenblick. Zu flüchtig und zu sehr mit Ablenkung und Kulisse umspielt, als dass er jemand anderem wohl aufgefallen wäre. Die Sängerin aber und die vorderen Ränge würden es gespürt haben. Den Moment des Unbehagens, als der alte, abgewetzte Schuh unter dem Kostüm hervorlugte und die Inszenierung beinahe desillusionierte.
Und inmitten dieser suchenden, ringenden Gesellschaft wusste Theodor mit seinem Künstlerherzen, wohin er gehörte.

Viele Gespräche, unzählige Vorstellungen gegenüber einflussreichen Herrschaften und einige Monate später fand man Theodor in einer Werkstatt wieder, die sein Reich war. Seine Werkzeuge umringten ihn. Er war Schustermeister und lehrte seine Schüler das Handwerk. Und noch mehr: Er lehrte sie, zu denken, zu fühlen und zu erleben, in welchen Schuhen die Figuren ihrer Theaterstücke und Opern wohl stehen müssten. Aus welcher Zeit stammten die Figuren, auf welchen Wegen waren sie gegangen und welche Schuhe müssten sie wohl auf der Bühne tragen, um das Kostüm, das man den Darstellern schneiderte, zu vollenden. Das und nicht weniger war Theodors Ruf gewesen und er hatte ihn leidend, ängstlich und doch hoffnungsvoll gesucht und gehört.

Und heute? Wir tragen Schuhe aus Fabriken. Kein Schuster hat sie mehr auf unseren Fuß angepasst. Und doch bewahren wir in der Gesellenprüfung der Schuhmacher die alte Tradition, einen Maßschuh herzustellen, als wüssten wir noch um den Wert dieser Fertigkeit. Die Theaterwerkstätten sind heute noch Zuhause für wahre Schuster und Künstler. Durch ihre Ideen werden Geschichten lebendig, die dann Fußabdrücke in unseren Erinnerungen hinterlassen, wenn wir eine Theatervorstellung besuchen.

Was scheint in deinem Leben unmöglich zu sein? Aus welchen Schuhen bist du vielleicht rausgewachsen und welche Wege möchtest du neu beschreiten? Die Raunächte sagen uns: Es ist Zeit, loszulassen und sich neues Schuhwerk anzuziehen. Mach dich auf die Reise. Die heutige Raunacht bringt den Gedanken der Gnade und Wunder in dein Leben. Vielleicht erwartet dich etwas Großes, wenn du nur dein Herz dafür öffnest und zulässt, dass Dinge sich neu ordnen dürfen.

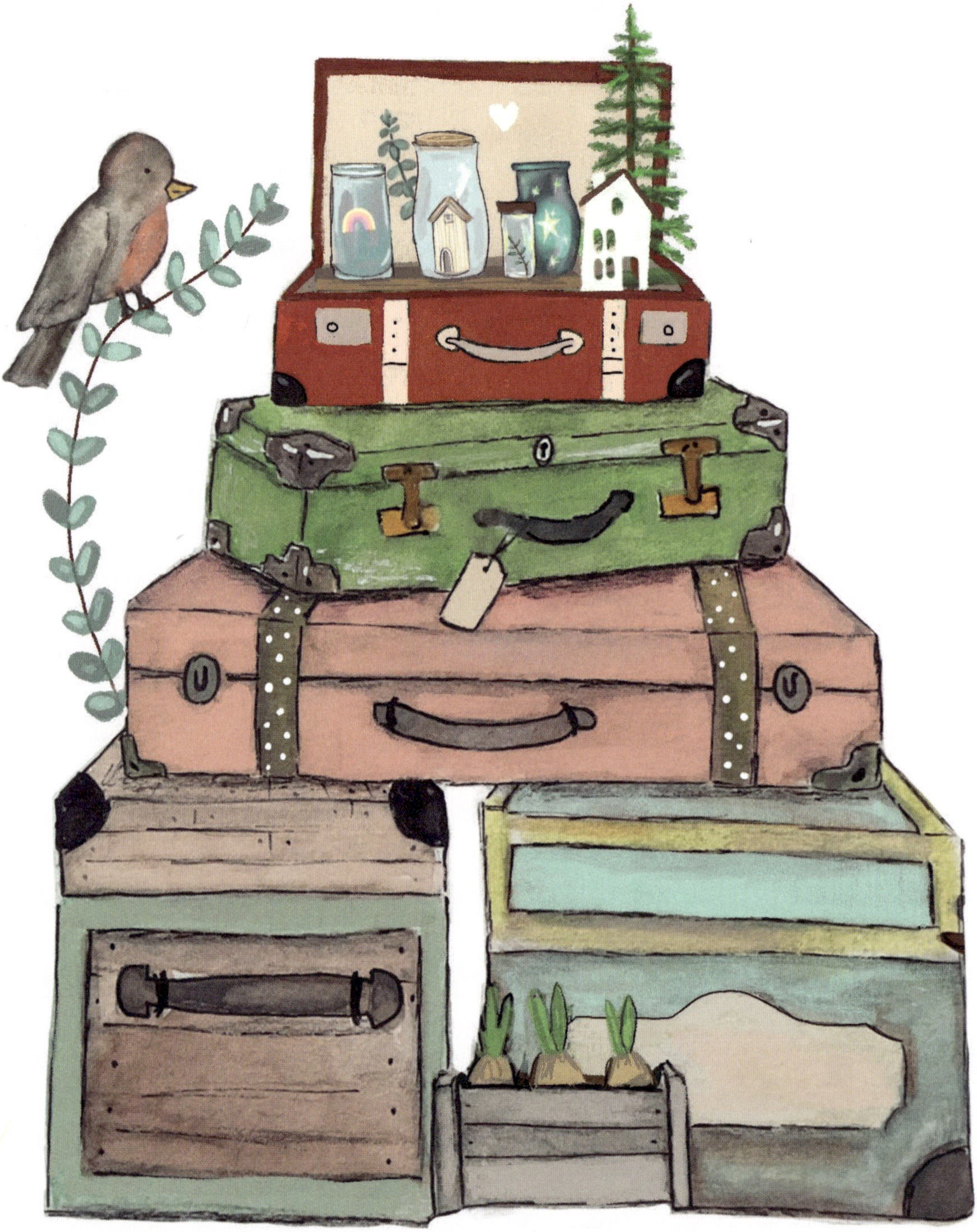

28. DEZEMBER – 4. RAUNACHT

Ich packe meinen Koffer

Die heutige Raunacht trägt auch den Namen: »Die Nacht der unschuldigen Kinder«. Sie bringt den Gedanken der Vergebung, Unschuld und Bereinigung in unser Leben.

Kennst du noch das Kinderspiel »Ich packe meinen Koffer«?

Ich nutze diesen Tag immer gerne, um auszusortieren und alte Dinge zu bereinigen.

Welche Dinge sind Last und bringen Unordnung in mein Leben? Diese Frage können wir uns auch persönlich stellen, und nicht nur auf unsere materielle, sondern auch emotionale Ebene beziehen. Welche Dinge sind ungut gelaufen, woraus möchte ich lernen? Wem muss ich vergeben, was vielleicht loslassen?

Aber positiv gesehen: Was möchte ich unbedingt in meinen Koffer für das nächste Jahr mitnehmen? Vielleicht begleiten dich Erinnerungsstücke. Das können Eintrittskarten eines Konzerts sein, ein besonderes Buch, ein Brief, Postkarten, ein Erinnerungsfoto, ein gesammelter hübscher Stein, der uns an einen schönen Spaziergang erinnert und uns vielleicht ermahnt, öfters die Natur zu genießen.

Fühle dich eingeladen, einen solchen Koffer zu packen und andere Erinnerungsstücke bewusst gehen zu lassen. Vielleicht findest du auf dem Flohmarkt oder Dachboden ein altes Schmuckstück, vielleicht hast du aber auch Freude daran, mit ein wenig Kreidefarbe und Schleifpapier eine Holzkiste oder einen Koffer nach deinen Herzenswünschen aufzufrischen. Auch die Innenseite kann mithilfe von Papieren und Kleister oder auch schönen Stoffresten ausgekleidet werden. Auf diese Weise erfreut man sich gleich noch einmal mehr, wenn man seinen Erinnerungskoffer während des neuen Jahres öffnet.

Vielleicht ist es für dich aber auch ausreichend, deine Erinnerungen sicher verwahrt zu wissen. Auf diese Weise kann es vorkommen, dass du deinen Koffer erst im kommenden Jahr wieder ansehen wirst, wenn du vielleicht dieses Ritual wiederholst.

Wann immer du diesen Koffer öffnen wirst, du wirst dich über wertvolle Momente freuen und auch bemerken, wie sehr du in der Zwischenzeit gewachsen bist und wie viele kostbare Augenblicke du weiterhin erleben durftest.

29. DEZEMBER – 5. RAUNACHT

Freundschaft, Vergebung & Gemeinschaft

Kerzenhalterglas mit Dip-Dye-Kerzen

Die 5. Raunacht widmet sich dem Thema Freundschaft und Gemeinschaft, aber auch dem Gedanken der Vergebung. Wo sind wir vielleicht verletzt worden? Wem sind wir nicht gerecht geworden und für wen wollen wir uns einmal wieder mehr Zeit nehmen? Vielleicht möchtest du an diesen Tagen einen wichtigen Menschen auf eine Tasse Tee und eine gemeinsame Kreativzeit einladen.

Was du für deine Dip-Dye-Kerzen brauchst:

- Glasflaschen oder Vasen mit einem Hals von etwa 2 cm Durchmesser
- Trockenblumen in deinen Farbwünschen wie Strohblumen, Ruskus, Lagurusgräser
- getrocknetes Islandmoos in Rosa oder Creme
- ein Band zur Dekoration
- Stabkerzen mit ca. 2 cm Durchmesser
- zweierlei Wachsfarben
- Kerzenreste

Und so geht's:

1. Die Kerzenreste mit den Wachsfarbenpastillen im Wasserbad schmelzen. Mithilfe eines Holzstäbchens kann das Wachs umgerührt werden. Die weißen Stabkerzen können zum Test einfach in das heiße Wachs getaucht werden, um sie stellenweise einzufärben. Je häufiger man das Eintauchen wiederholt, desto dichter und farbintensiver wird das Ergebnis. Möchte man nicht nur den unteren Teil einfärben, kannst du den Vorgang mit dem oberen Teil der Kerze wiederholen.

2. Die Flaschen können nun mit Moos und zarten Trockenblumen befüllt werden, sodass eine kleine Landschaft entsteht. Wichtig ist, dass die Blumen komplett getrocknet sind und keine Restfeuchtigkeit mehr haben.

3. Nun darf die gefärbte Stabkerze einfach auf die Flasche aufgesteckt werden. Mit einem zarten Band kann die Kerzenhalterflasche noch verziert werden und so entsteht eine zeitlos schöne Dekoration, die auch in den kommenden Wintermonaten noch stimmungsvolle Lichtmomente zaubert.

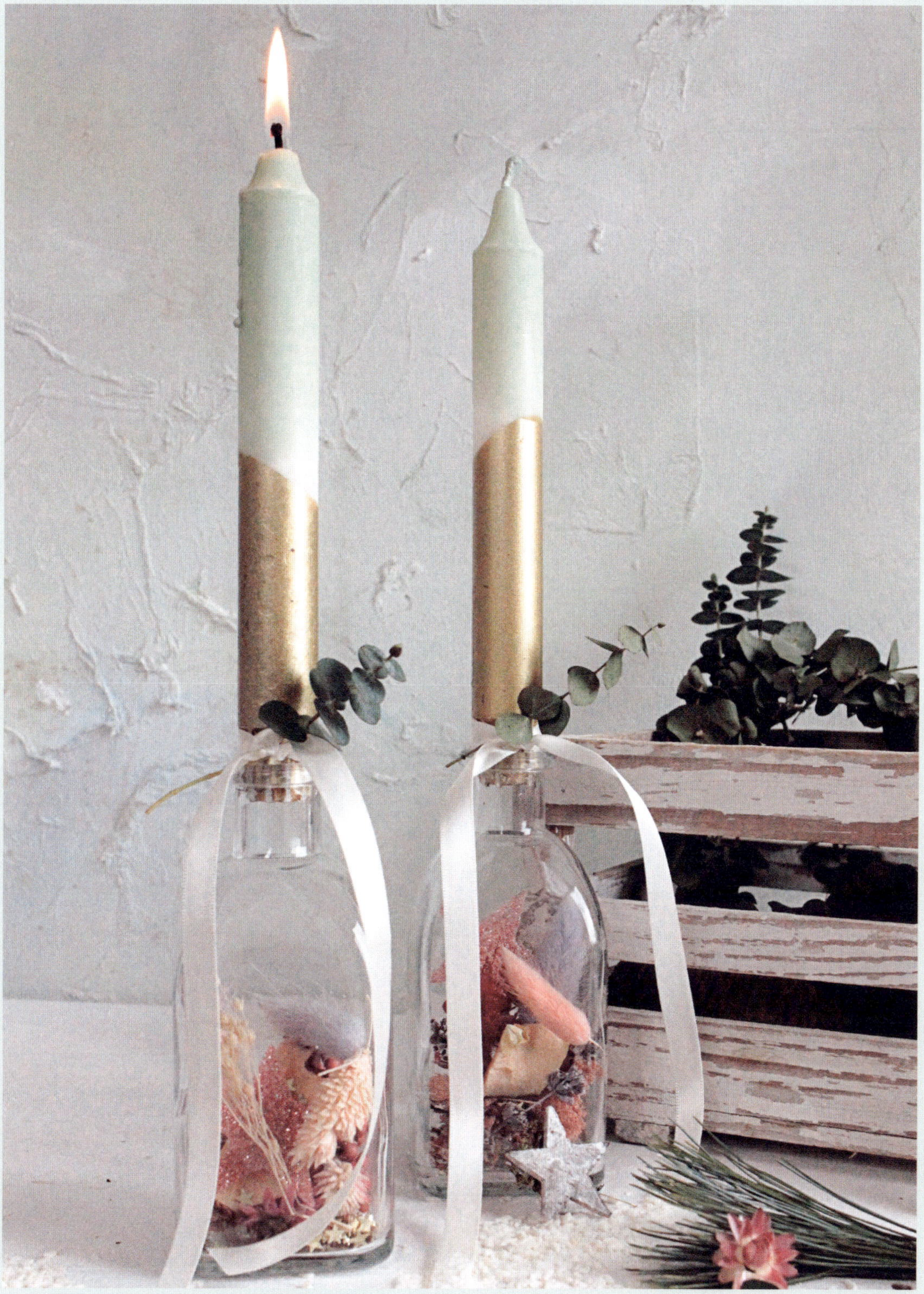

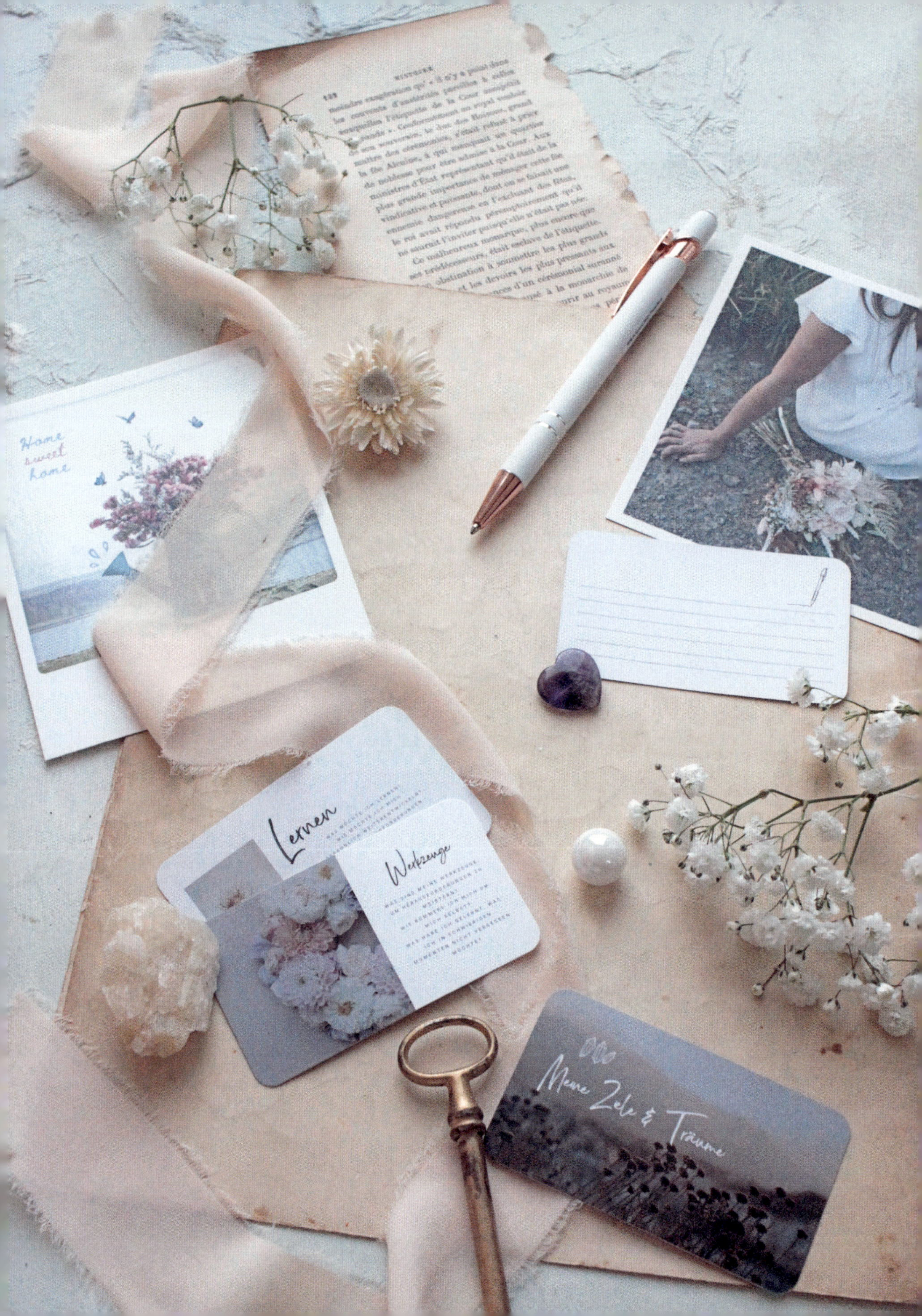
Home sweet home
Lernen
Werkzeuge
Meine Ziele & Träume

30. DEZEMBER – 6. RAUNACHT

Bereinigung & Lernen

Wir befinden uns kurz vor dem Jahresübergang. Wie wollen wir diesen gestalten? Stolpern wir einfach so hinein oder wollen wir uns bewusst auf ihn und das Kommende einstimmen?

Ich schätze an der Zeit der Raunächte, dass sie mir die Chance gibt, Altes zu bereinigen und Neues zu gestalten. Ich nehme mir bewusst die Zeit und schaue über das Jahr, blättere meinen Kalender und meine Tagebücher durch und lasse Revue passieren, was gut und was schlecht war.

Statt unguten Situationen nachzufühlen oder sie einfach nur zu verdrängen, stelle ich mir die Frage: Was möchte ich aus dem lernen, womit ich noch nicht im Reinen bin?

Auch diese Raunacht steht unter dem Thema »Bereinigung«.

Genauso, wie du das Alte noch einmal betrachtest, darfst du das Neue gedanklich annehmen und gestalten. Hierfür erstelle ich selbst immer gerne ein Visionsboard – eine Collage voller Ideen, Gedanken und Schätze, die mich das kommende Jahr über begleiten sollen. Dieses soll nicht nur gut strukturiert sein, sondern vor allem so viel Freude beim Gestalten erwecken, dass ich mir meine Collage immer wieder ansehen und mir bewusst machen möchte, was meine Vorsätze für das bald anbrechende Jahr waren.

Was du für dein Visionsboard brauchst:

- **Klebestift**
- **Schere**
- **Tonkarton in A3 als Unterlage**
- **Stifte, Buntstifte und Fineliner zum Verzieren und Notieren**
- **für das Visuelle: Fotografien, Zeitschriftenausschnitte**
- **unsere Visionboard-Karten oder kleine weiße Karteikarten zum Selbstbeschriften**

Und so geht's:

Meine Ressourcen

Zunächst frage dich, was du schon mitbrigst. Hierfür kannst du dir auf deinem Visionsboard einen Bereich gestalten und dich fragen, welche Schätze du bereits in deinem Leben hast. Verwende für die Fragen gerne unsere Visionsboard-Kärtchen, und hefte sie an deine Collage. Alternativ kannst du auch weiße Karteikarten nehmen und die Fragestellungen als Erinnerung und Überschrift darauf notieren. Schreibe unter deine Kärtchen die Dinge auf, die für dich zutreffen, um dich immer wieder daran zu erinnern.

- **Was sind Dinge, wofür ich dankbar bin?**
- **Was sind meine Stärken?**
- **Was bringe ich aus meinem alten Jahr mit, das ich nicht vergessen möchte?**

Meine Ziele & Ideen

Genauso wichtig und wertvoll wie der Blick zurück ist auch ein zuversichtlicher Blick in das Kommende. Frage dich: Welche Träume hast du? Was sind deine Ideen? Vielleicht möchtest du bestimmte Projekte angehen, vielleicht aber auch lernen, mehr auf dich selbst zu hören oder anderen gegenüber offen zu sein. Egal ob es äußerliche oder innerliche Ziele sind: Schreibe sie auf, sammle Gedanken, Bilder, Ideen dazu.

- **Was möchte ich für mich selbst tun?**
- **Was möchte ich für andere tun?**
- **Was möchte ich lernen?**
- **Welche Ideen möchte ich verwirklichen?**

Leitsatz
Besonders schön ist es, wenn du ein Motto für das kommende Jahr findest. Vielleicht inspiriert dich ein Zitat, ein Gedicht oder eine Liedzeile. Diese kannst du hübsch und dekorativ mit bunten Stiften gestalten und gut sichtbar auf dein Visionsboard schreiben.

Collagieren, Verzieren & Freuen

Verziere deine Stimmungscollage nach Herzenslust. Hier kannst du auch Aufkleber oder Bilder aus Zeitschriften, die dich inspirieren, ausschneiden und aufkleben. Vielleicht ist dabei ein Reiseziel oder ein hübsches Foto, das für dich genau das Richtige aussagt. Gehe weniger nach visuellen Gestaltungsleitsätzen vor, sondern nach deinem Gefühl. Die Bilder sollen nicht anderen gefallen, sondern dir und deinem Herzen entsprechen.

Hänge dein Visionsboard an einen gut sichtbaren Platz, an dem es dich immer wieder erinnert und erfreut, wenn du es betrachtest.

Hier gelangst du zu unserem Shop. Dort findest du unsere (kostenpflichtigen) Visionskärtchen und weitere Inspirationen.

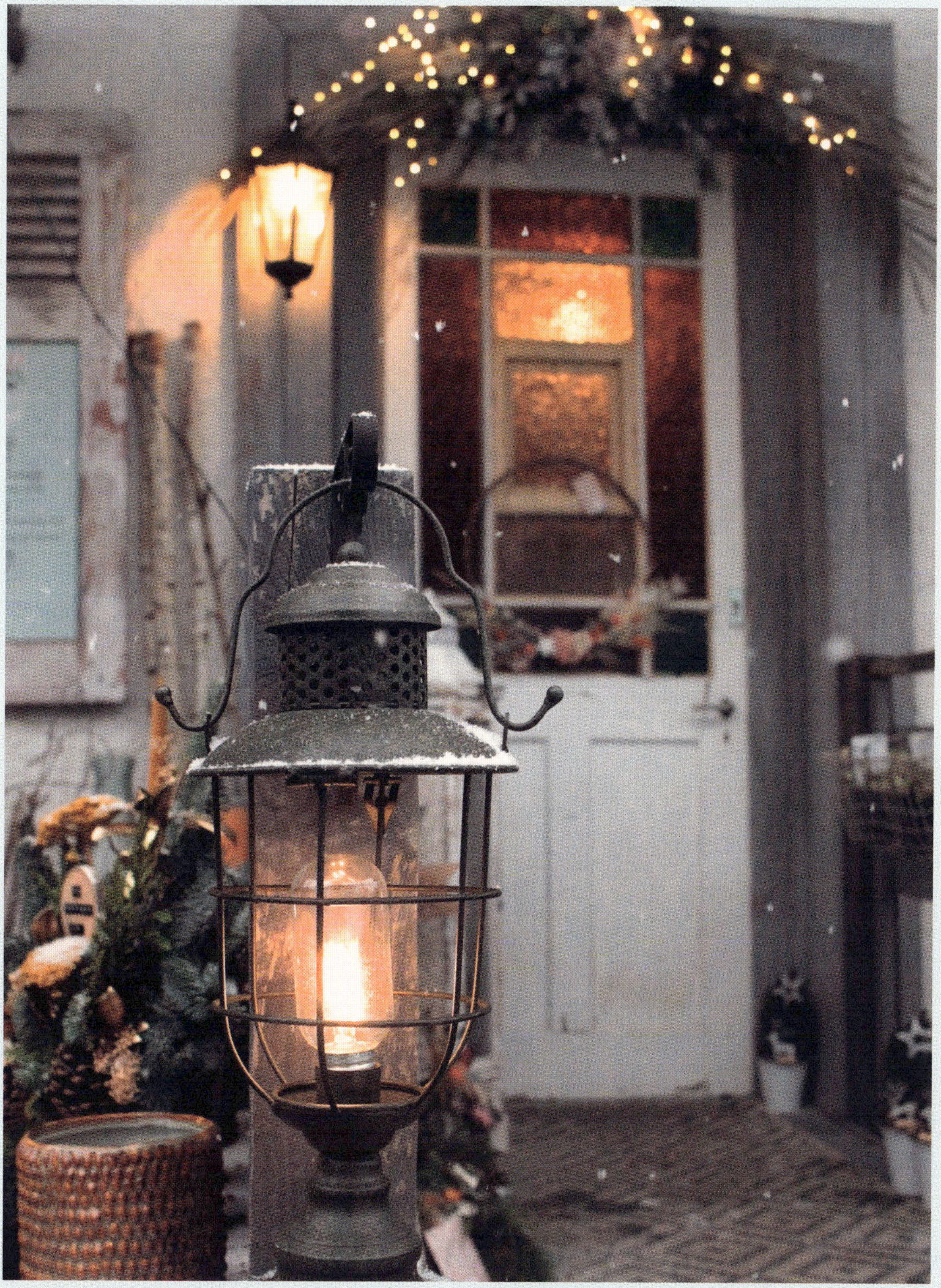

31. DEZEMBER - 7. RAUNACHT

Silvester

Das Neue

Es ist so weit, beinahe hat es begonnen.
Ein bisschen bin ich in Feierlaune,
ein bisschen melancholisch und besonnen.

Irgendwie kann alles bleiben, so wie es ist,
und doch ist jedes Herz so,
dass es von etwas träumt und etwas anderes vermisst.

Also haben wir ihn bald, diesen Neuanfang,
und ich wünsche uns ein Jahr voller
Leben und voller Tatendrang.

Ich wünsche mir, dass Menschen den Mut haben,
Altes ehrfürchtig und liebevoll zu begraben,
um weise und mutig Neues zu wagen.

Ich wünsche mir,
Gutes zu säen und wachsen zu sehen.
Aber nicht bang festzuhalten, sondern
voll Leichtigkeit weiterzugehen.

Statt Zwängen wünsche ich mir leuchtende Traditionen,
denn sie formen Herzen, Kultur und ganze Nationen.

Anstatt die Zeit einfach nur an uns vorbeigehen zu lassen,
hoffe ich, wir können sie erleben und uns bewusst machen.

Statt sie einfach nur zu verleben,
können wir sie aktiv gestalten.
Ihr Ideen, Formen, Farben und Grenzen geben
und uns an diese halten.

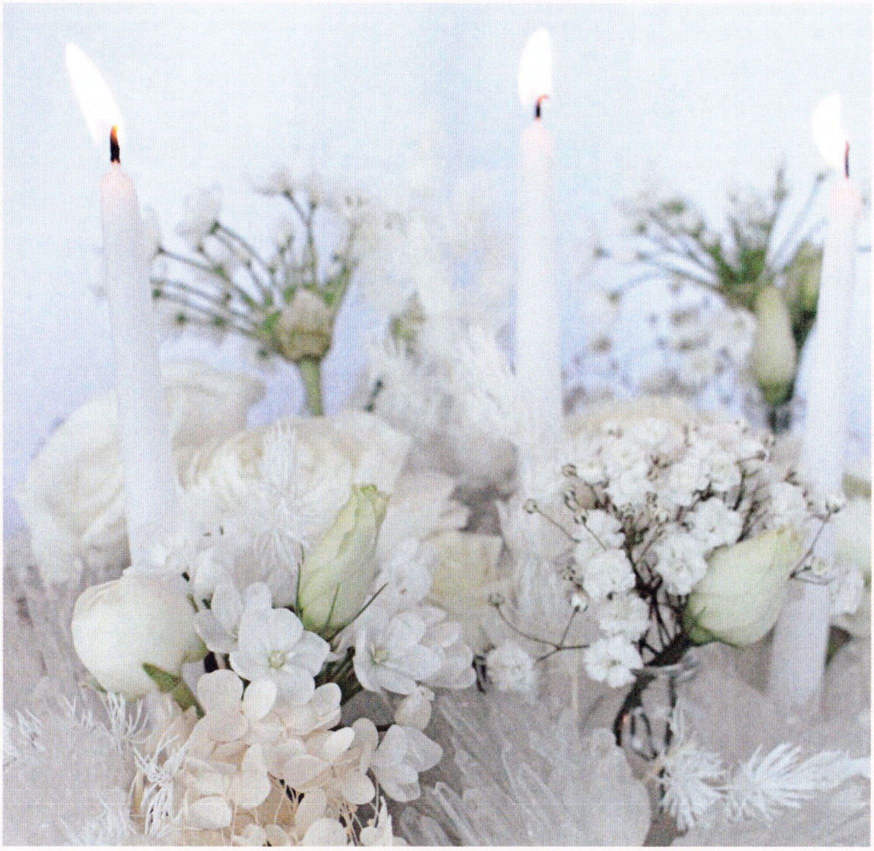

Was flüchtig ist, versuche, mit allen Sinnen aufzusaugen,
Denn nichts kann dir diese Kostbarkeit mehr rauben.

Denn dieser Wimpernschlagmoment ist nun Teil deiner DNA
und nur einen Wimpernschlag entfernt
ist das Neue bereits für dich da.

Diese Raunacht steht für das Neue und noch nicht Angebrochene. Viele Traditionen drehen sich um diesen Abend. Es wird gefeiert, das Alte wird vertrieben und man zelebriert das Ankommen des Neuen. In diesem Sinne: Lasst uns Silvester feiern!

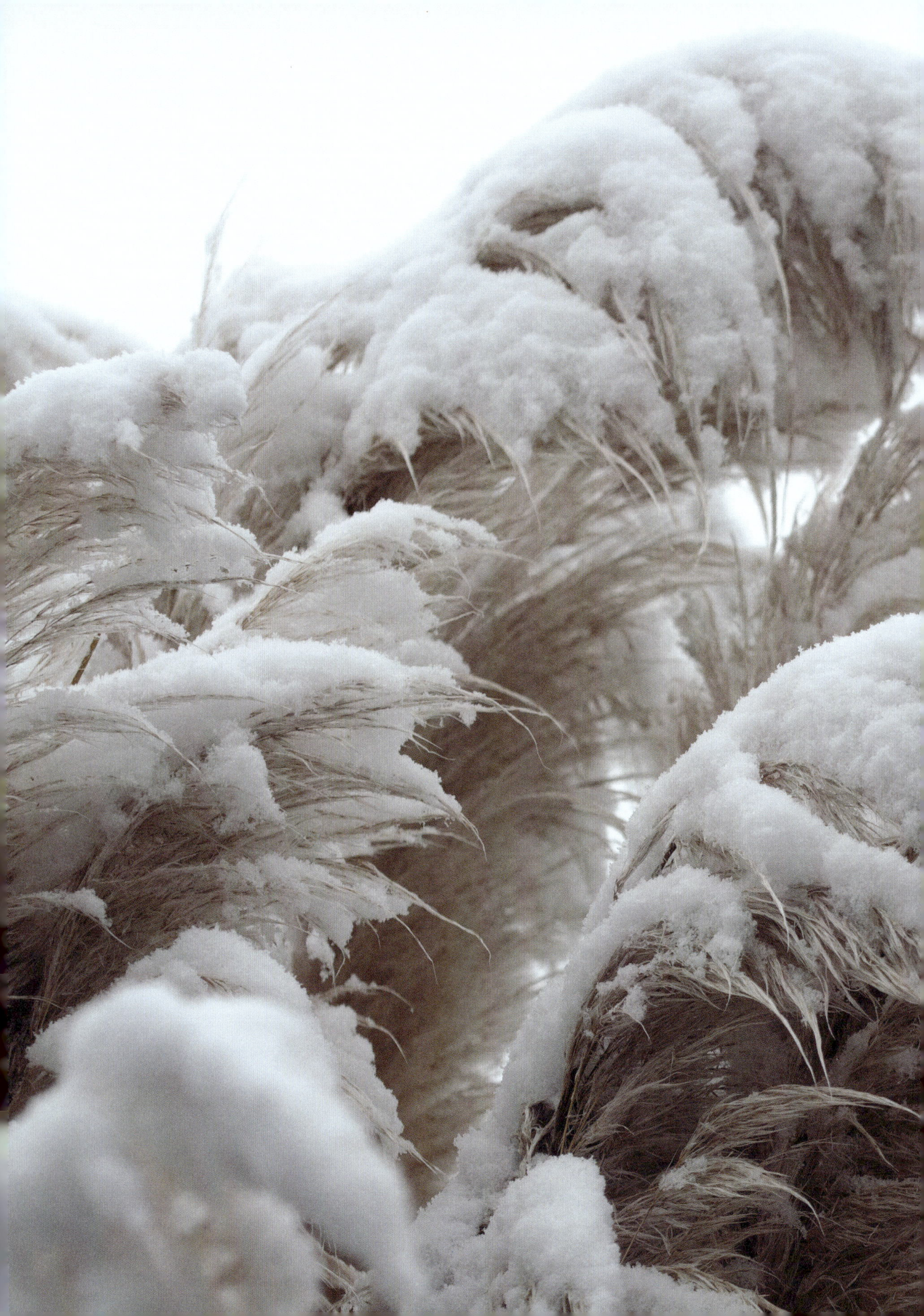

Januar

RIESELNDE TRÄUME SAMMELN SICH SCHNEEFLOCKENZART.
ABENTEUER BRECHEN NUN AN.
ERINNERUNGEN WERDEN IN SCHATZKISTEN AUFBEWAHRT.
NEUE GESCHICHTEN FINDEN IHREN ANFANG.

1. JANUAR – 8. RAUNACHT

Neujahr

Es ist der Anfang eines neuen Jahres. Oft stehen hier unsere guten Vorsätze, unsere Hoffnungen und Wünsche und doch können wir noch nicht begreifen, dass wir bereits im neuen Jahr angekommen sind. An diesem Tag verschenken wir Glücksbringer. Schornsteinfeger, Kleeblätter und kleine Glücksschweinchen aus Marzipan oder Hufeisen haben eine lange Tradition. Eine besondere kreative Idee, die wir unseren Lieben zum Neujahrstag schenken können, dürfen wir mit dieser Anleitung gestalten.

Was du für deinen Glücksbringer brauchst:

- **ein altes Hufeisen (du kannst bei einem Schmied nachfragen oder online alte Hufeisen bestellen)**
- **dünnen Myrthendraht in Silber oder Braun**
- **Trockenblumen in freundlichen, bunten Farben, sodass die Dekoration das ganze Jahr über aufgehängt bleiben kann, z. B. Strohblumen, Strandflieder, Trommelschlägel in Pfirsich, Lagurusgräser in Rosa, Glyxia-Blüten, Hortensie in Hellblau, usw.**
- **Heißkleber**

Und so geht's:

1. Die Hufeisen werden traditionsgemäß mit der Öffnung nach oben aufgehängt, damit *das Glück nicht herausfällt.* Damit das schöne Hufeisen noch sichtbar ist, decken wir es nicht vollständig mit Blumen ab, sondern suchen uns eine Stelle aus, um einen floralen Akzent zu befestigen.

2. Lege die Gräser, die sich schön an die Form des Hufeisens anschmiegen, zuerst in beide Richtungen gegenläufig an und wickle sie mit etwa drei Umwindungen mithilfe des dünnen Drahtes fest. Dann kommen die füllenden Elemente wie Lagurusgräser oder Strandflieder dazu.

3. Die verspielten Elemente wie Glyxia-Blüten legst du abwechselnd mit dichteren, größeren Blüten wie Hortensie an und bindest sie mit dem Wickeldraht fest. Lege die Blumen von beiden Seiten an, sodass sich die Stiele in der Mitte treffen. Zum Abschluss wird noch ein Trommelschlägel oder eine Strohblume in der Mitte des Blumenakzentes befestigt. Auch eine getrocknete Rose kann besonders liebevoll wirken. Hierzu kannst du den Heißkleber einsetzen. Fertig ist unser wertvoller kleiner Glücksbote als liebe Geste neben der Eingangstür unserer Freunde und Nachbarn oder als Dekoration in unserem Zuhause.

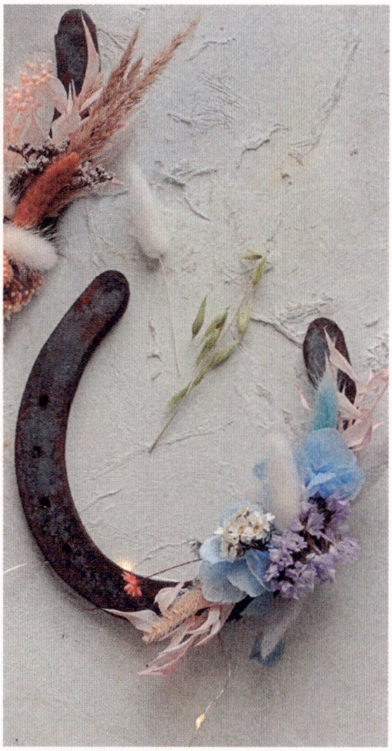

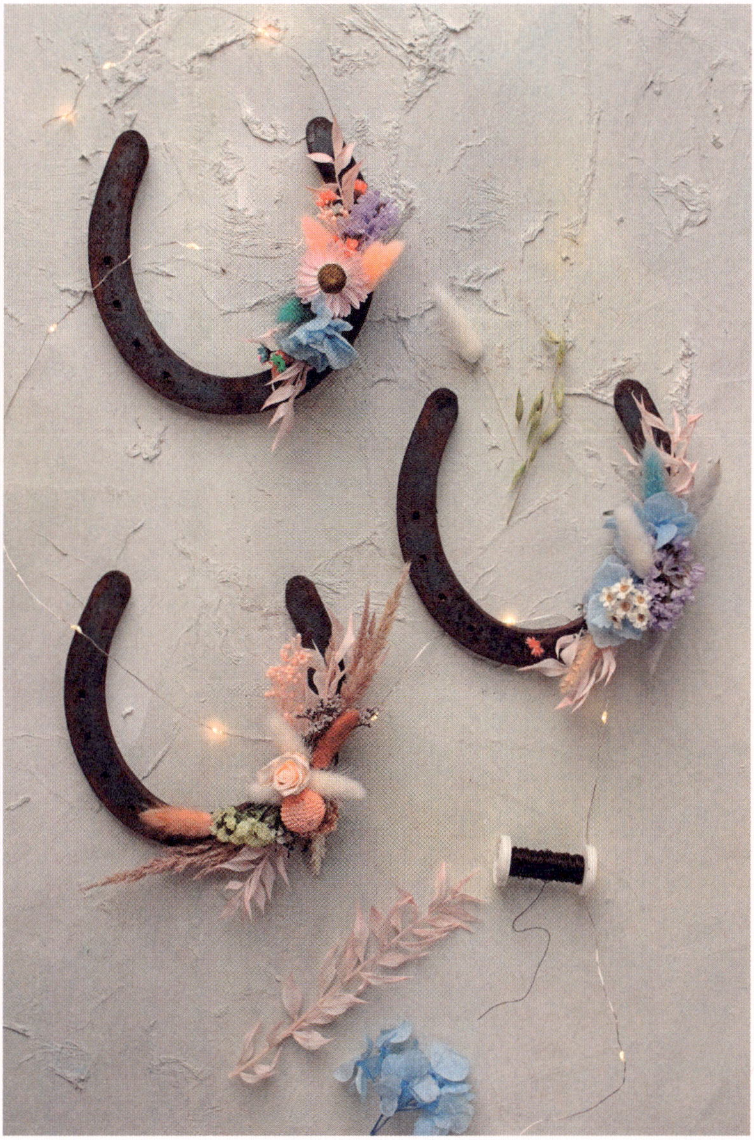

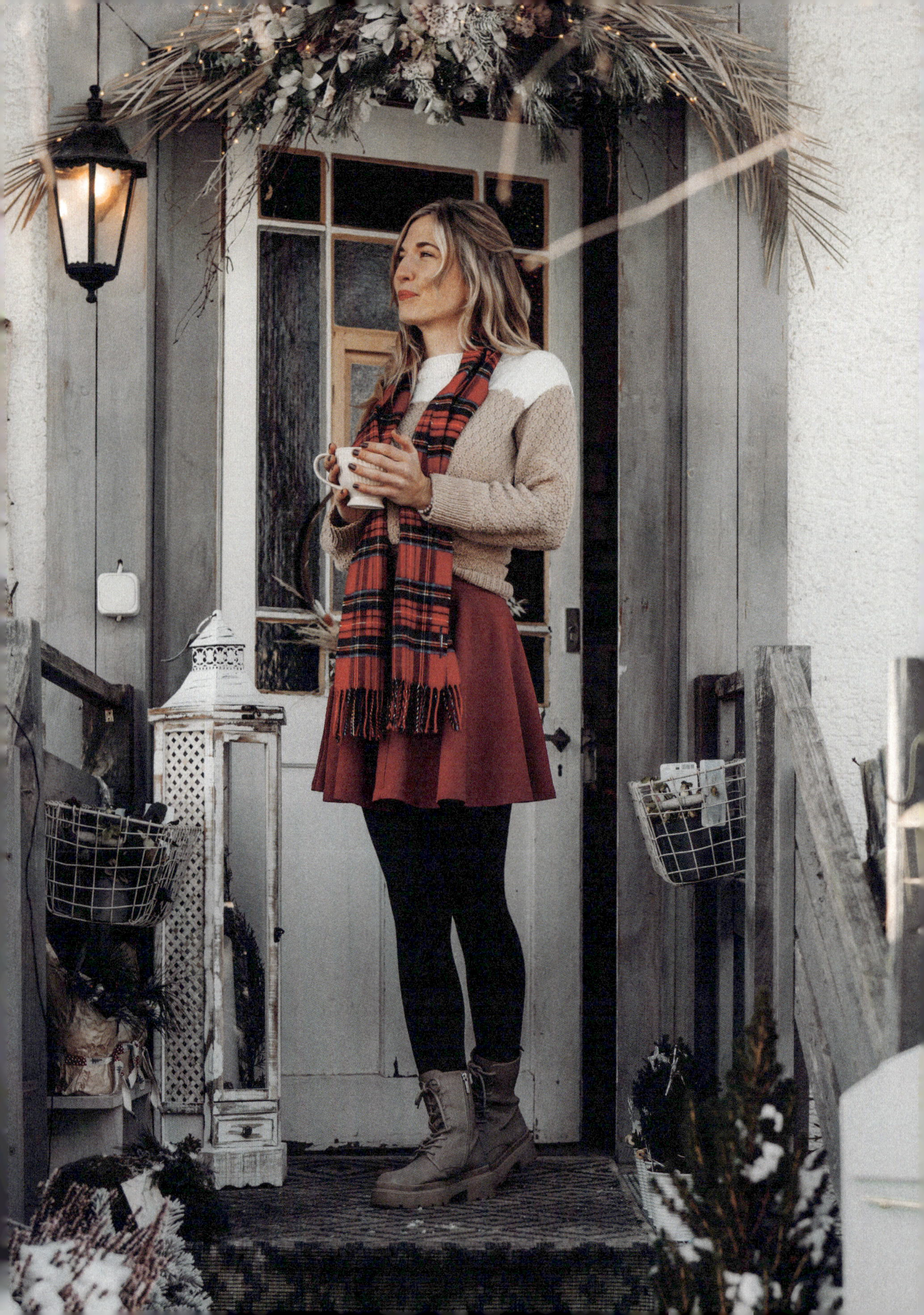

2. JANUAR – 9. RAUNACHT

Segen für das Neue & Loslassen

Vertrauter Neubeginn

Heute habe ich meine rote Wintertasse
zurück nach oben in den Schrank geräumt.
Eben noch von Zimtduft und alten Liedern verträumt,
macht sich jetzt Melancholie in mir breit:
Es ist wieder so weit.

Bedacht und mit Vorsicht werden Kugeln in Papier gehüllt.
Das, was eben einen Raum noch mit Wärme und Erinnerungen füllt,
ist nun bald wieder in Kisten verstaut.
Ein leiser Abschiedsgruß, ganz vertraut,
von dieser Zeit.
Und wieder beginne ich mein Jahr
dankbar mit langen Spaziergängen und
neuer Kindgewordenheit.

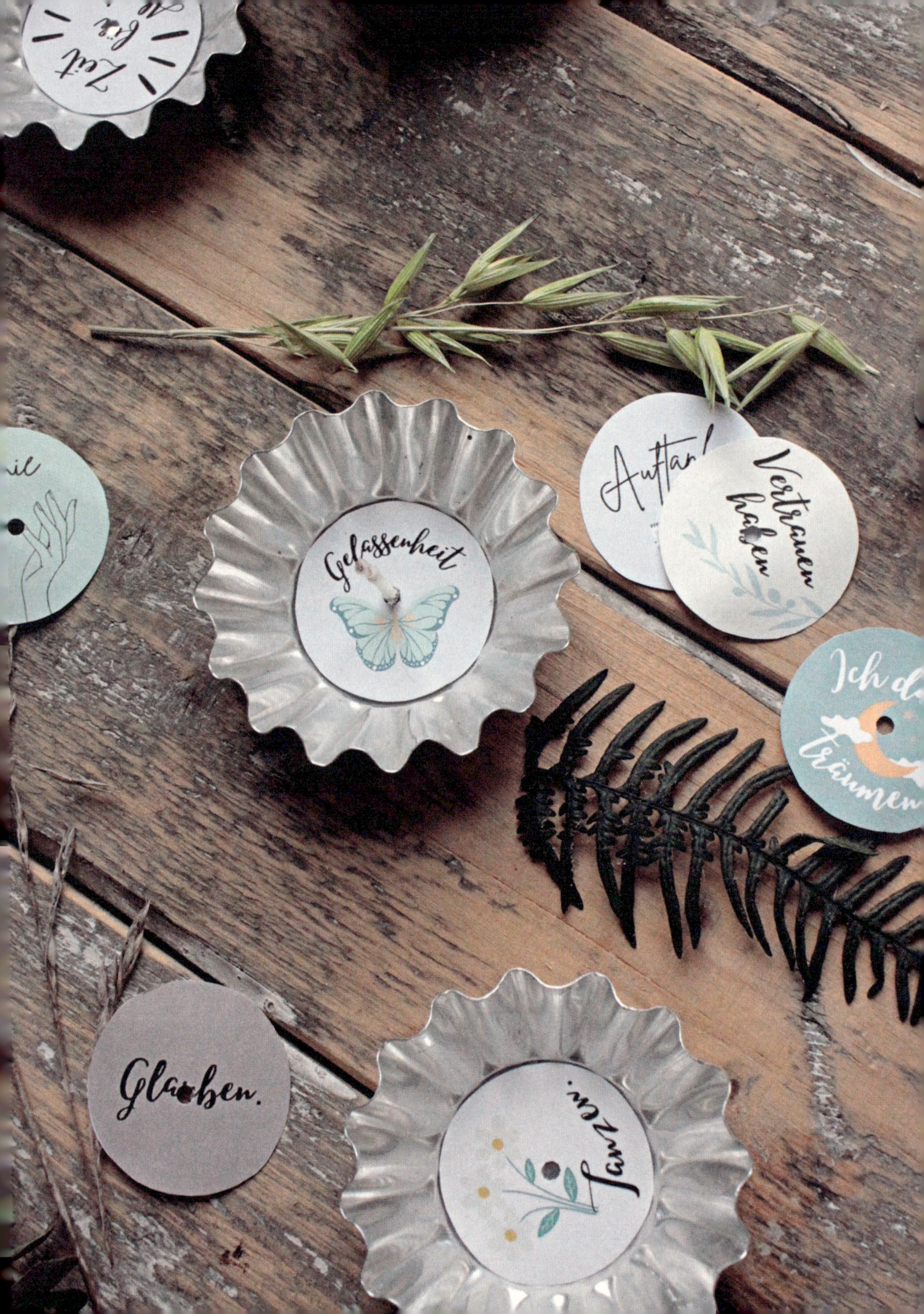
Gelassenheit
Vertrauen haben
Glauben.
Tanzen.

3. JANUAR – 10. RAUNACHT

Visionslichter

Es ist der 3. Januar und die 10. Raunacht. Sie steht dem Brauch nach für den Oktober des neuen Jahres. Der heutige Tag steht unter dem Thema »Visionen«. Welche Visionen haben wir für unser Leben und das kommende Jahr? Was sind die Vorstellungen und Träume, die wir haben, wenn wir an das Kommende denken?

Ein Visionär ist jemand, der Licht ins Dunkel bringt und seine Vorstellungen und Ideen zutage treten lässt. Als kreativen Anreiz, um deine Gedanken Form und Licht werdenz u lassen, gießen wir heute Motivationslichter. Diese sollen dich über das Jahr daran erinnern, welche Träume und Gedanken dich inspirieren und ermutigen.

Das Besondere: Wenn du deine Kerzenlichter anzündest und sie langsam herabbrennen, werden deine Herzensideen wieder sichtbar.

Was du für deine Visionslichter brauchst:

- Wachsreste
- Topf zum Schmelzen
- Mini-Törtchenform oder alte kleine Backförmchen
- Teelichtdochte aus dem Bastelbedarf
- Lochzange
- dickes Druckerpapier, Vorlage selbst gestaltet oder von Blumenpoesie

Hier kannst du dir Vorlagen für deine eigenen Visionslichter herunterladen.

Und so geht's:

1. An welche Vorstellungen möchtest du dich selbst im Laufe des kommenden Jahres erinnern? Ist es ein Blumenbeet, das du anlegen willst? Oder möchtest du dir mehr Zeit für dich selbst nehmen? Gestalte dazu ein kreisförmiges Bild oder wähle eine von meinen Vorlagen aus. Der Durchmesser sollte ca. 46 mm sein. Du kannst auch kleine Affirmationen integrieren, wie »Glaub an dich«, »Setze es um«, »Du darfst mutig sein«.

2. Schneide deine Kreise aus. Stanze mithilfe der Lochzange ein Loch in die Mitte der Kärtchen. Vielleicht möchtest du dir für jeden Monat ein Teelichtkärtchen gestalten, dich aber dann überraschen lassen, welche Vision oder welche Herzensidee aufleuchten wird.

3. Klebe mit Wachskleber oder ein wenig flüssigem Wachs deinen Teelichtdocht in die Form ein. Wenn deine Törtchenform größer als ca. 4 cm ist, solltest du zu einem dickeren Docht greifen. Im Bastelbedarf steht bei den Dochtstärken auf der Verpackung, für welche gegossene Kerzendicke sie geeignet sind.

4. Stülpe dein gelochtes Visionskärtchen über den eingeklebten Docht und drücke es fest auf den Boden der Form. Nun kannst du deine Wachsreste im Wasserbad schmelzen. Wenn das Wachs flüssig ist, gieße es langsam in deine Förmchen. Ist das Wachs ausgehärtet, wird es blickdicht und beschützt dein Kärtchen wie ein kleines Geheimnis.

Entstanden sind charmante kleine Teelichter. Wenn du diese im kommenden Jahr anzündest und sie beobachtest, wirst du nach einer Weile bei geschmolzenem Wachs erkennen, welches Motiv sich dir offenbaren wird. Wer weiß, woran du erinnert wirst. Viel Freude mit deinen kleinen nostalgischen Lichtern.

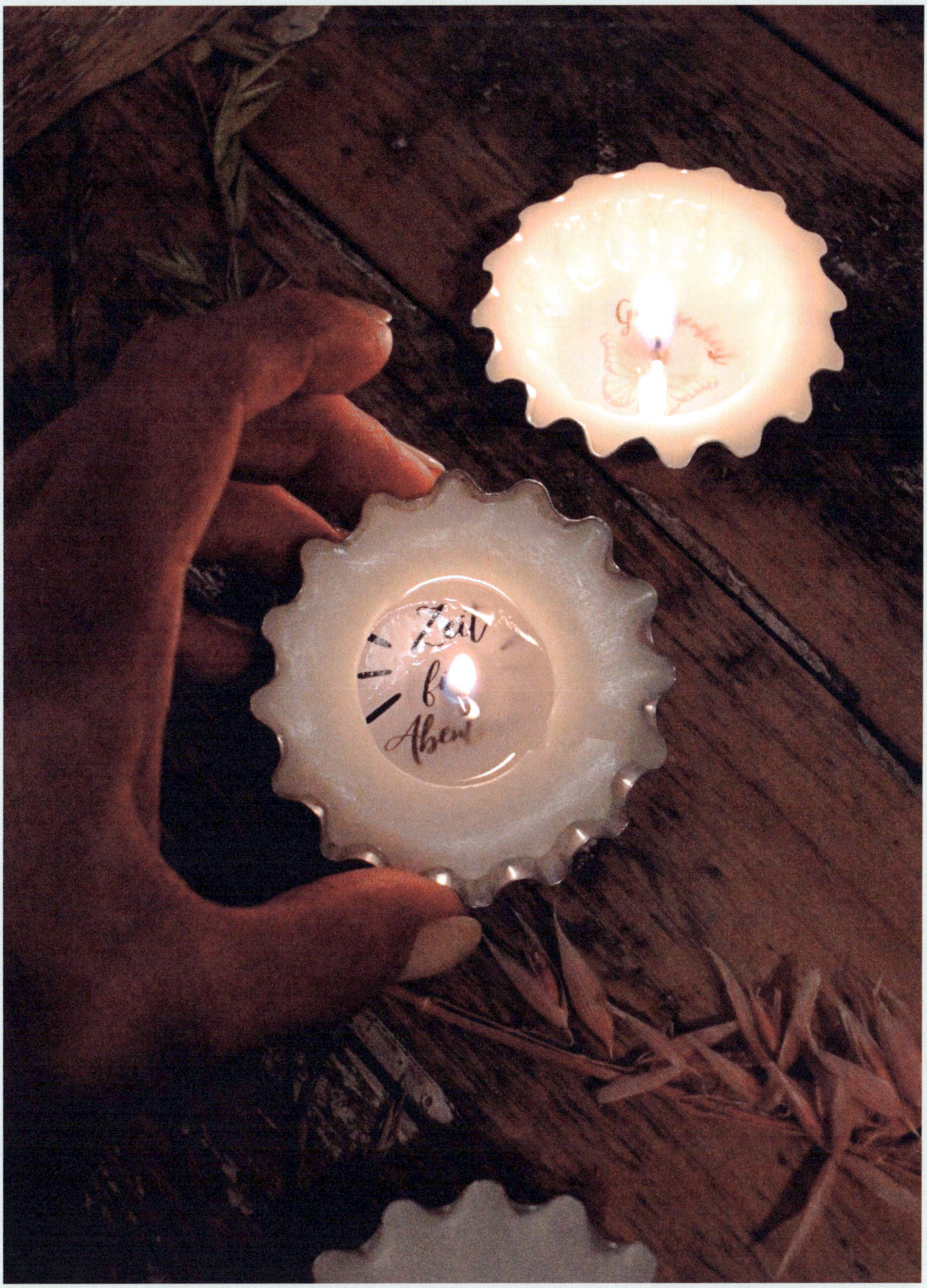

04. JANUAR – 11. RAUNACHT

Alles hat seine Zeit

Heute, am 4. Januar, bahnt sich die 11. Raunacht an. In dieser Nacht ist es ein Thema, das wir in unserer glücks- und erfolgsorientierten Welt oft beiseiteschieben. »Loslassen & Abschied« beschäftigt sich mit Verlust und Trauer, aber die andere Seite des Loslassens sind Leichtigkeit, Befreitsein, Vertrauen und Neubeginn. Nach und nach lassen wir nun auch unsere intensiv erlebte Weihnachtszeit los, wohlwissend, dass sie wiederkehren wird. Dennoch befinden wir uns auf einem Weg des Abschieds.

Hast du schon einmal Dinge aussortiert, Ballast abgeworfen und dich danach erleichtert und geordneter gefühlt? Vielleicht hast du Dinge weitergegeben, die du selbst nicht mehr nutzt, die jemand anderem aber Freude bereitet haben.

Mit der folgenden Kreatividee und Aufgabe möchte ich dir ermöglichen, dich mit dem Thema Loslassen zu befassen und dabei aktiv etwas zu tun.

Gemeinsam mit folgender Anleitung stellen wir wunderschöne Seedbombs her. Samenbomben, die im Frühjahr in die Natur geworfen werden dürfen und dort aufblühen und ein kleines Stück Schmetterlingswiese und Bienenglück hervorrufen werden. Die Herausforderung ist aber: Du musst jede dieser Seedbombs weitergeben und bewusst loslassen, auch wenn du gerne eine davon für dich behalten würdest. Stelle dir beim Herstellen vor, was du verabschieden möchtest. Vielleicht eine Angewohnheit. Vielleicht einen Lebensabschnitt, den du im alten Jahr zurücklassen musst. Vielleicht hast du auch einen wunderbaren Menschen verloren und es ist an der Zeit, diesen noch einmal liebevoll gehen zu lassen.

Nach dem Herstellungs- und Trocknungsprozess darfst du dir überlegen, welchen Menschen du die Samenmurmeln schenken möchtest. Du solltest diesen Menschen vertrauen. Erlaube ihnen und dir, dass es eine positive Loslassenserfahrung sein darf. Deine Vertrauenspersonen haben die schöne Aufgabe, die Blumensamenkugeln ab Mitte April in der Natur auf einem ungepflegten Streifen Grün, an einem Straßenrand oder auf einer wilden Wiese fallen zu lassen. Es sollte ein für dich unbekannter Ort sein. Auf diese Weise darfst du vertrauen, dass deine Gedanken auf eine schöne und bereichernde Weise neu wachsen werden. Sie dürfen einen neuen Platz in deinem Leben und in dieser Welt finden und sich transformieren. Manchmal blühen wir selbst auf, wenn wir nicht an Gefühlen und Dingen festhalten, sondern liebevoll Abschied nehmen.

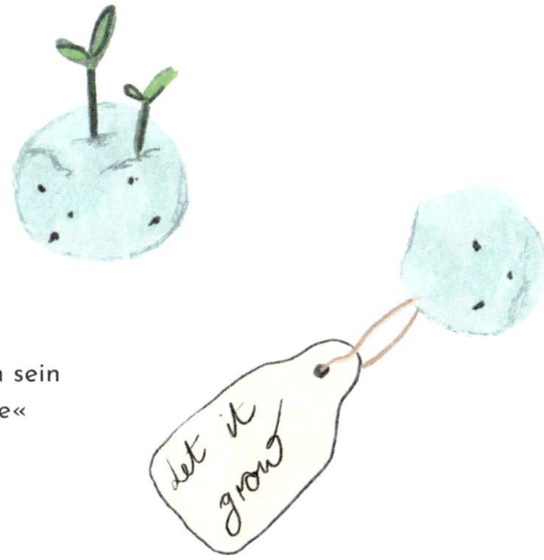

Was du für deine Samenbomben brauchst:

- Mixer oder Stabmixer
- bunte Papierreste, Zeitung oder Eierkarton
- Blumensamen, diese müssen unbedingt heimisch sein z. B. Samenmischungen wie »Schmetterlingswiese«
- Schüssel
- Wasser
- eine Handvoll Erde oder Lehm

Und so geht's:

1. Als Erstes muss das Papier klein geschnitten oder gerissen werden. Das Papier sollte für etwa eine Stunde in Wasser eingeweicht werden.

2. Die Papiermasse etwas ausdrücken oder in einem Sieb das überschüssige Wasser abgießen und in einem Mixer zu einer teigigen Masse zerkleinern.

3. Nun können in einer Schüssel Erde und die Blumensamen vermengt werden. Diese Mischung sollte trocken sein.

4. Die teigige Papiermasse wird nun mit der Blumensamen-Erde-Mischung vermengt. Achte darauf, dass die Papiermasse nicht zu feucht ist, und gieße überschüssiges Wasser nochmals ab, damit die Blumensamen nicht zu früh anfangen zu keimen.

5. Aus der Teigmasse können nun kleine Kugeln geformt werden. Sollte deine Masse zu trocken sein, kannst du einen Eisportionierer verwenden oder alternativ eine Keks-Ausstechform auf ein Küchenpapier legen und die Papiermasse in die Förmchen füllen.

6. Am besten trocknest du deine Samenbomben auf der Heizung oder bei niedriger Temperatur im Backofen.

7. Verschenke deine Loslass-Blumenkugeln an liebe Menschen, damit deine Gedanken wachsen dürfen.

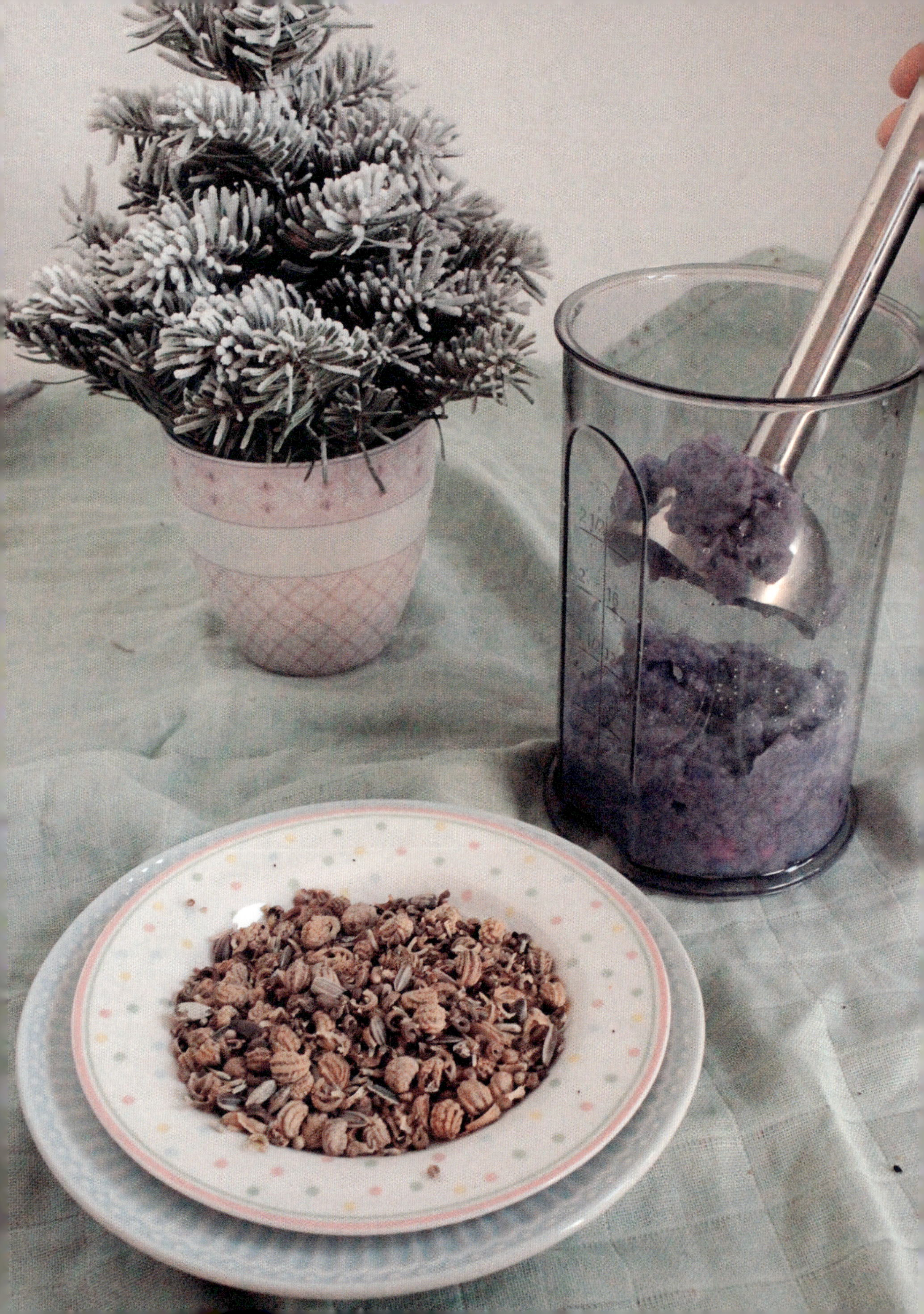

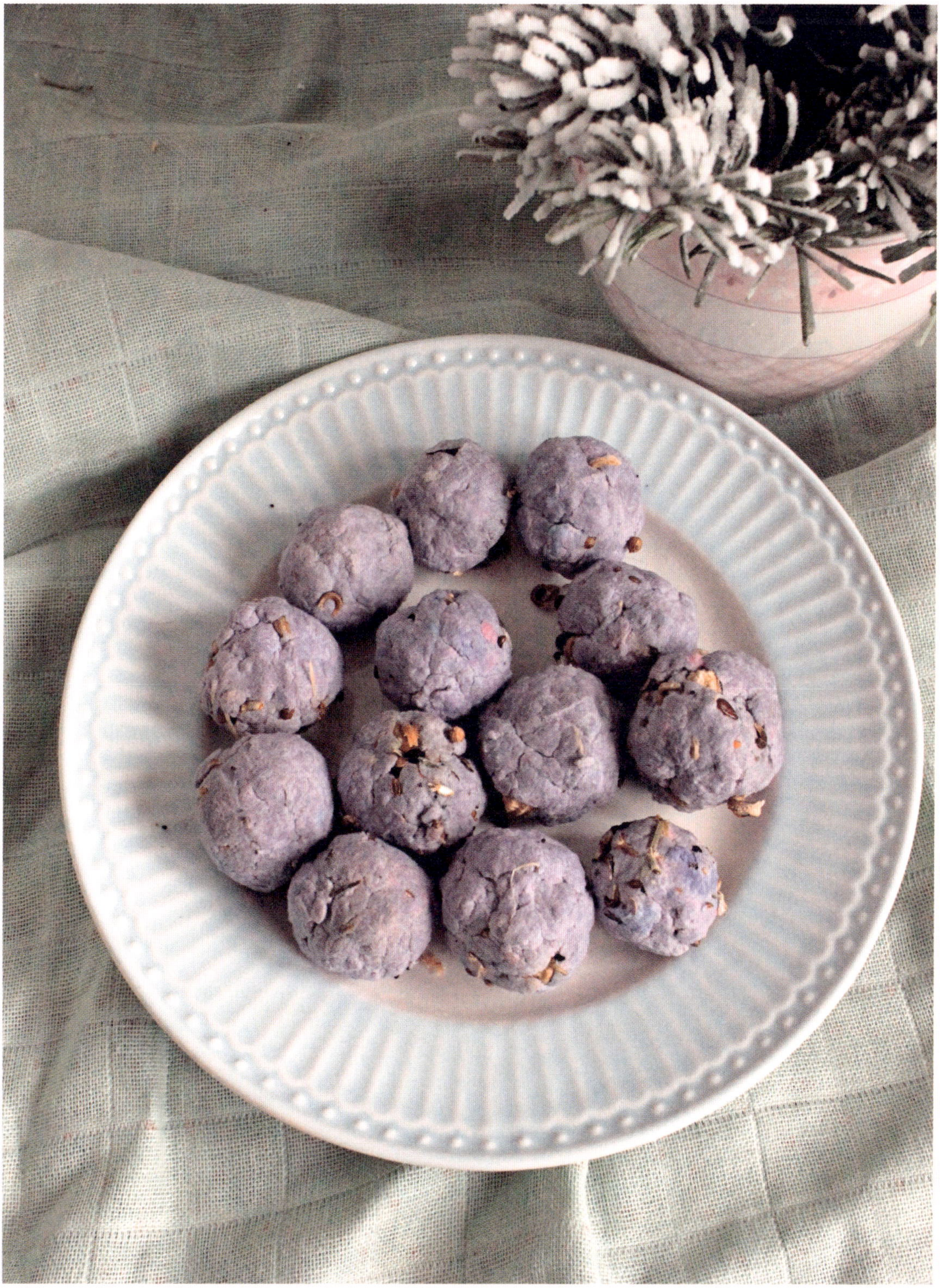

05. JANUAR – 12. RAUNACHT

Nacht der Wunder – Anemone

Wir kommen so langsam im Januar an und eine Botin des Frühlings, welche wir im Blumenladen sehr schätzen, ist die Anemone. Sie birgt in ihrer Blüte noch die winterliche Anmut und Eleganz und dennoch bringt sie einen Hauch Hoffnung und Frühlingslicht in unser Zuhause. In Sträußen oder Blumenvasen gestellt, ist sie uns einige Tage ein hübscher Begleiter.

Sie schätzt es, wenn sie abends in einen kühleren Raum gestellt wird, damit sie nicht auch nachts unserer warmen Heizungsluft ausgeliefert ist. Man bekommt die meist blattfreien Stiele oft noch knospig im Blumengeschäft und kann dann zu Hause beobachten, wie sich die Blume in ihrer Zartheit und Pracht entfaltet.

Unter Bäumen und in Parks können wir das »Buschwindröschen« mit kleineren Blüten ebenfalls entdecken und bereits in den ersten Monaten des neuen Kalenderjahres als Frühblüher bestaunen.

Ihren Namen hat diese hübsche Blüte aus dem Griechischen. Er bedeutet übersetzt auch »Wind« oder »Windhauch«, was ihre Zartheit noch untermalt.

Heute ist die 12. und damit letzte Raunacht. Sie steht für den Monat Dezember des kommenden Jahres. Wir kommen mit dieser Nacht ganz im neuen Jahr an und konnten uns in dieser Zeit vorbereiten. Eine schöne Möglichkeit, eine Phase abzuschließen, ist auf einem Blatt Papier oder in deinem Tagebuch aufzuschreiben, wofür man dankbar ist. Welche besonderen Momente konntest du in dieser Weihnachts- und Raunachtszeit erleben? Wofür bist du besonders dankbar oder was hat dich verzaubert oder überrascht?

Wusstest du, dass heute die Dreikönigsnacht auch Nacht der Wunder genannt wird? Vielleicht nutzt du die Gelegenheit, einen Spaziergang durch einen Park oder eine Allee zu machen und zu schauen, ob die kleinen Windröschen bereits aus der Erde ragen. Und vergiss nicht, auf Wunder zu lauschen, denn vielleicht offenbaren sie sich ja im leisen Säuseln des Windes.

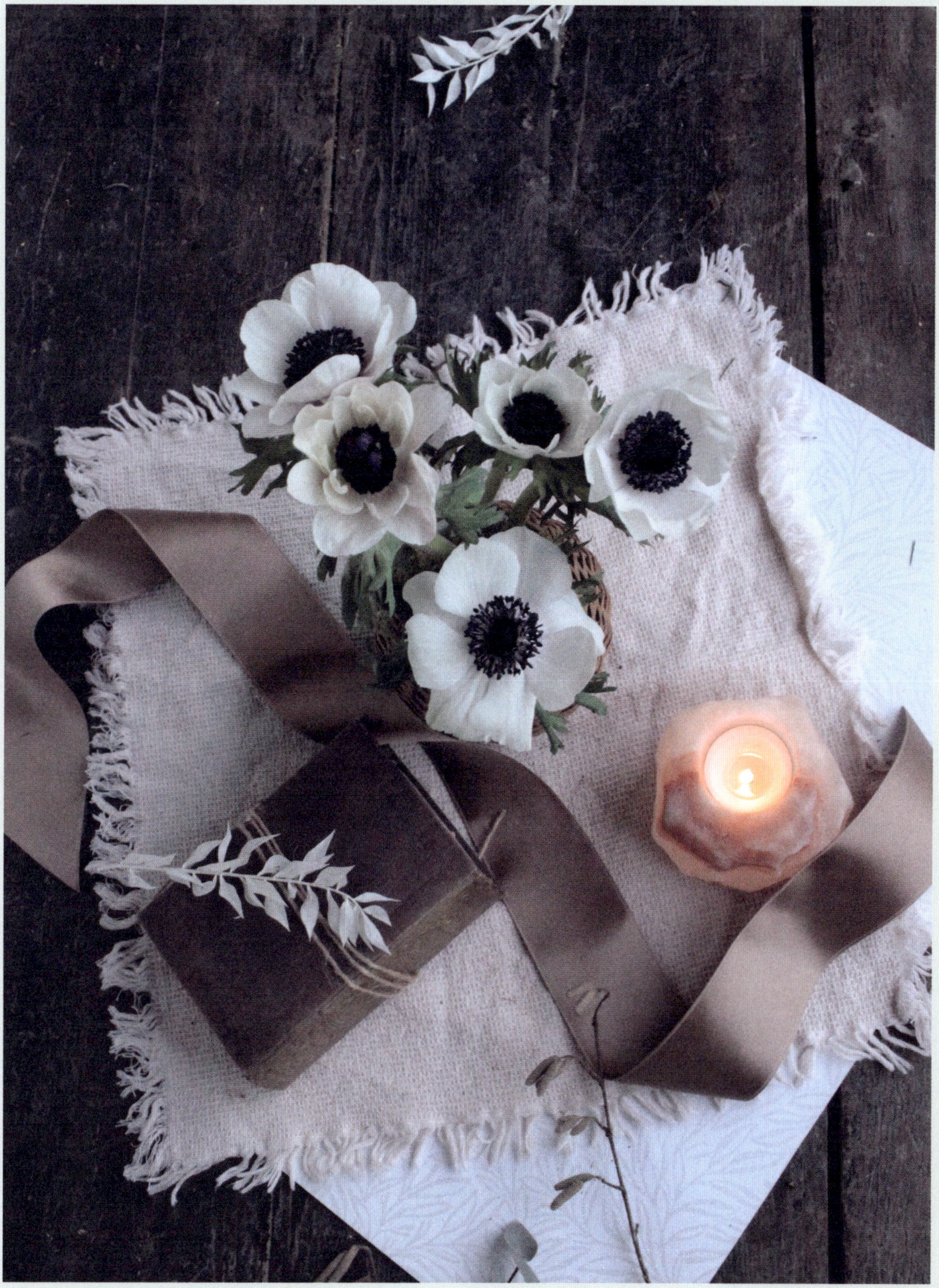

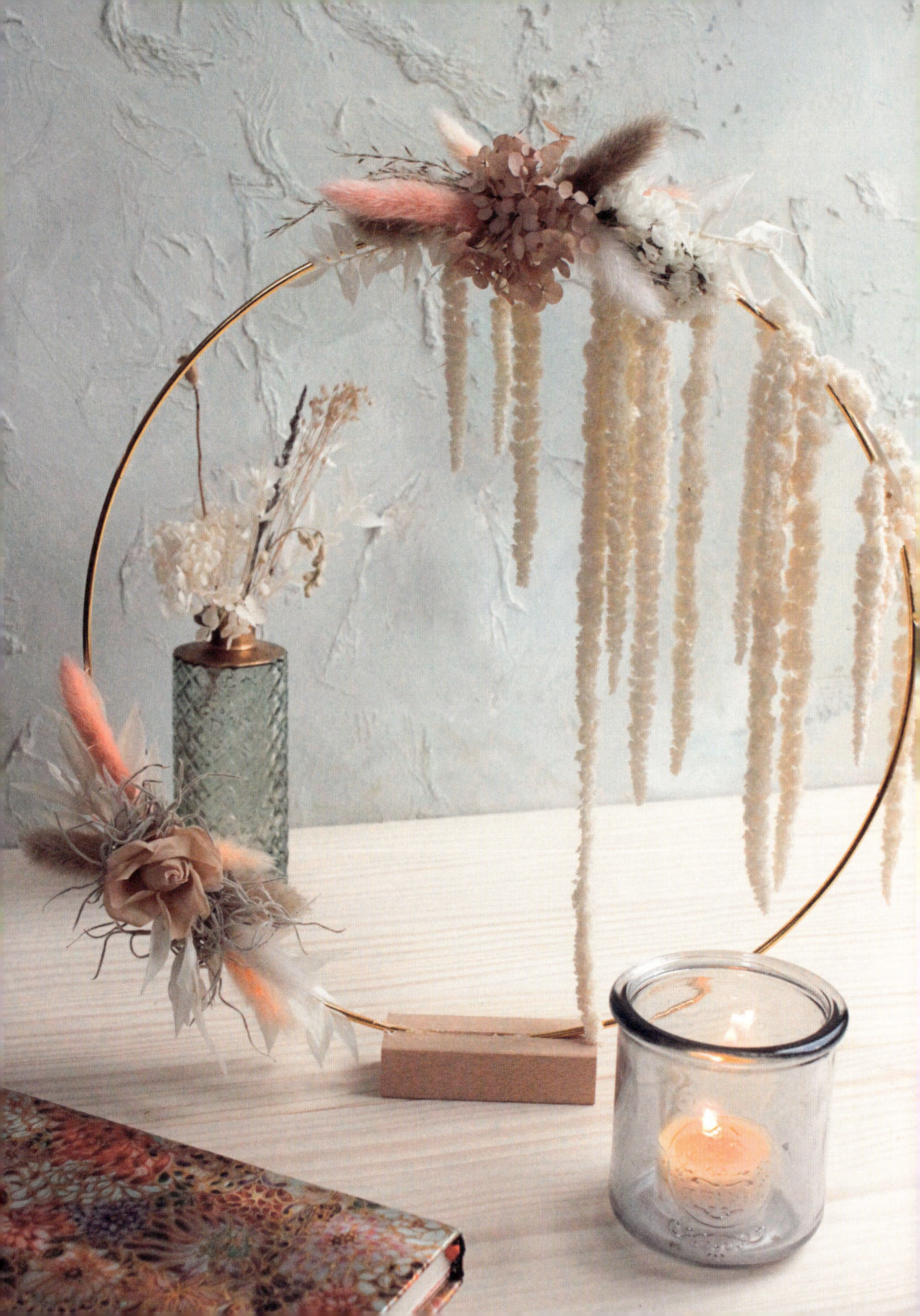

6. JANUAR

Heilige Drei Könige

Die Sternsinger bringen noch einmal weihnachtlich festlichen Glanz in unsere Häuser. Es werden Lieder gesungen und wir halten noch einmal inne und lassen unsere Arbeit ruhen. Heute wird in der östlichen Kirche die Geburt Jesu gefeiert. An unseren Hauseingängen finden wir den Segensgruß C+M+B: »Christus mansionem benedicat« – Christus segne dieses Haus. Der Tag steht unter dem Zeichen des Segens und der Wunder.

Mit dem letzten gefeierten Weihnachtstag endet für viele diese besondere Zeit und das Jahr beginnt von Neuem. Als kleine, glanzvoll goldene aber dennoch hoffnungsvoll und zart blühende Kreatividee habe ich heute diesen Blumenring für dich.

Ringe haben kein Ende und keinen Anfang, der Kreislauf beginnt wieder von Neuem, ein neues Jahr voller Leben und wundervoller Momente erwartet dich und hin und wieder darfst du innehalten und die Schönheit des Alltags wahrnehmen und mit all deinen Sinnen genießen. Wusstest du, dass dieser Tag zum Thema auch »die Süße des Lebens« hat? Vielleicht möchtest du dich mit dieser blumigen Schönheit heute selbst beschenken.

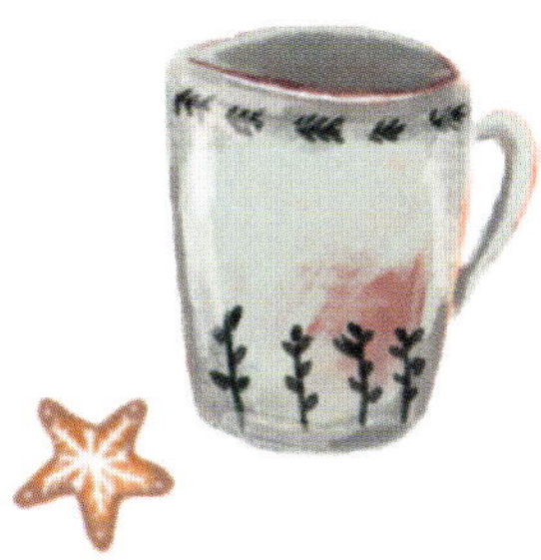

Was du für deinen Blumenring brauchst:

- **Blumenring in Gold mit Fuß**
- **goldenen Myrthendraht**
- **Heißkleber**
- **Trockenblumen in dezenten, winterlichen, aber leicht pastelligen Farben wie: Amaranth hängend, Ruskus in Weiß oder Pastellrosa, Hortensie in Zartrosa, Glyxia-Blüten, Strandflieder und eine stabilisierte oder getrocknete Rose**

Und so geht's:

1. Wähle einen Platz für den Blütenakzent und den Gegenakzent so aus, dass ein optisches Gleichgewicht entsteht. Der Blütenakzent direkt neben dem Fuß des Blumenrings bildet das Gegengewicht für den oberen Blumenschmuck. Wickle zunächst den weißen Amaranth so an deinem Blumenring fest, dass er verspielt und luftig in den Ring hineinhängen darf. Du kannst hier auch ein wenig Heißkleber zur Hilfe nehmen.

2. Wenn der Amaranth die Basis bildet, kannst du beginnen, zarte Gräser wie Lagurus und Ruskuszweige rechts oben anzulegen. Diese werden mit ein bis zwei Umwickelungen mit dem Myrthendraht befestigt.

3. Befestige nun die Hortensie mit Draht. Damit kein Anfang und kein unschönes Ende der Blütenstiele entstehen, kannst du nun einen Ruskuszweig oder Lagurus in die entgegengesetzte Richtung anlegen und festdrahten.

4. Links neben dem Fuß des Blumenrings kann nun auf dieselbe Weise der Gegenakzent befestigt werden. Lege auch hier die Zweige in beide Richtungen an, sodass sie die Stielenden verdecken und sich die Floralien in beide Richtungen entfalten dürfen. Als Highlights werden nun mit dem Heißkleber Strohblumen in den Trockenblumenschmuck eingeklebt. Fertig ist unser winterlich glanzvoller und zeitloser Blumenschmuck.

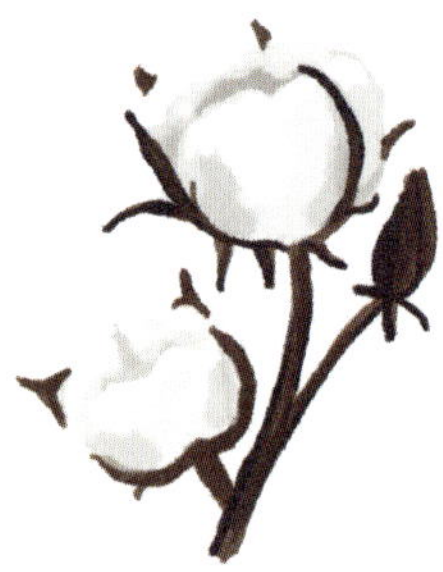

WAS WAREN MEINE WUNDERMOMENTE?

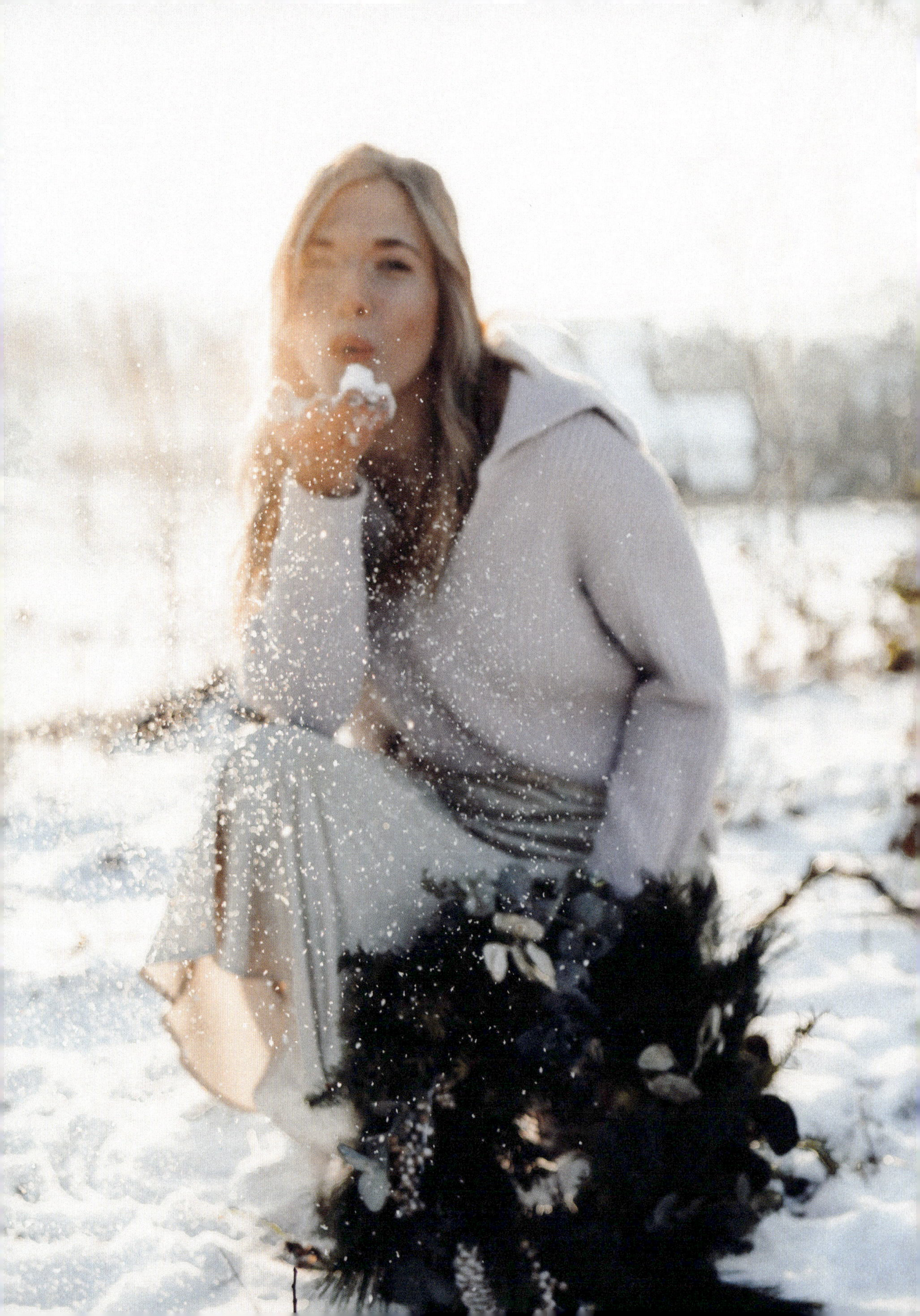

Gedanken zum Ausklang

Unsere Reise geht zu Ende. An dieser Stelle möchte ich dir Danke sagen, dass du dir die Zeit genommen hast, Weihnachten und den Jahresübergang bewusst in dein Herz einzulassen.

Ich hoffe, dass diese Zeit dich erfüllt hat und ein wenig Poesie in dein neues Jahr miteinkehren darf. Und wie Rolf Zuckowski in seinem Kinderlied schreibt: Die Kerzen verglühen, doch das Licht leuchtet weiter in dir.

So wünsche ich dir, dass du von deinem neuen Jahr und in deinem Alltag blütenzart und märchenleise willkommen geheißen wirst, dass du dir weiter Zeit für Momente der Achtsamkeit und Atempausen schenkst und leuchtende Überraschungen für dich bereitgehalten werden.

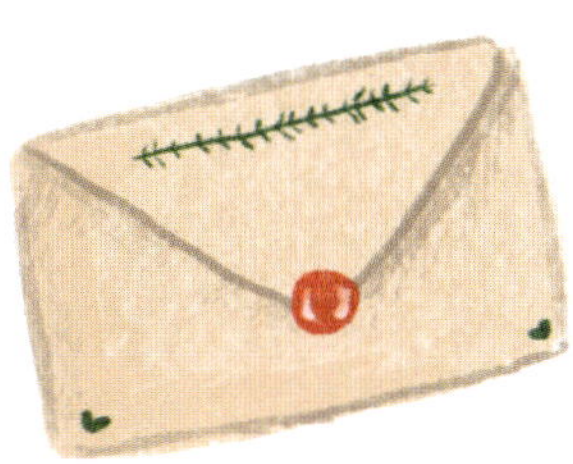

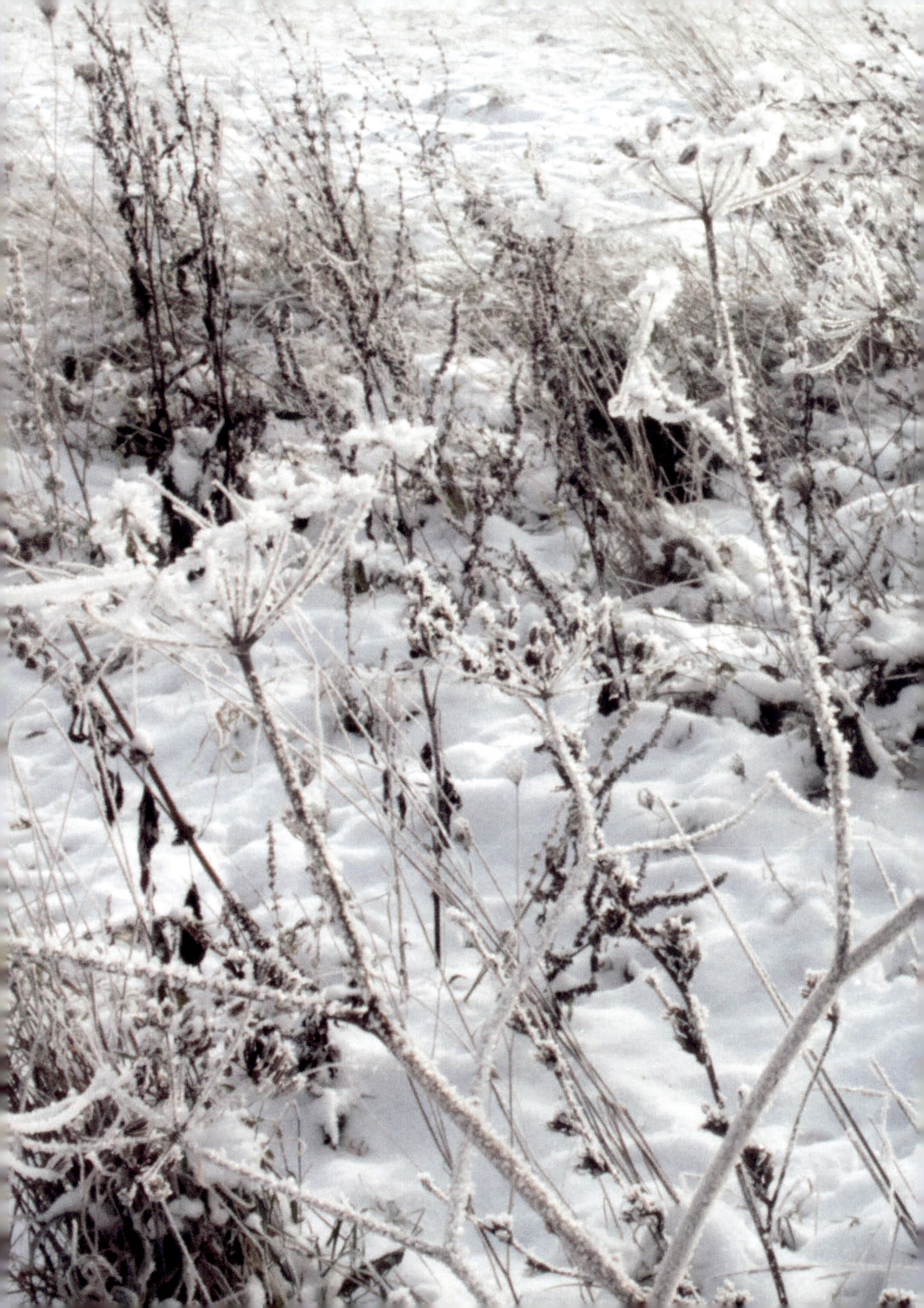

Und für alles, was nun kommt:

LAUSCHE DEM WISPERN DER STERNE,
FRAGE DEN WIND NACH DEM WEG.
SAMMLE MUSCHELN, SCHÄTZE, STEINE.
SEI FREUDENTANZ, LIED UND GEBET.

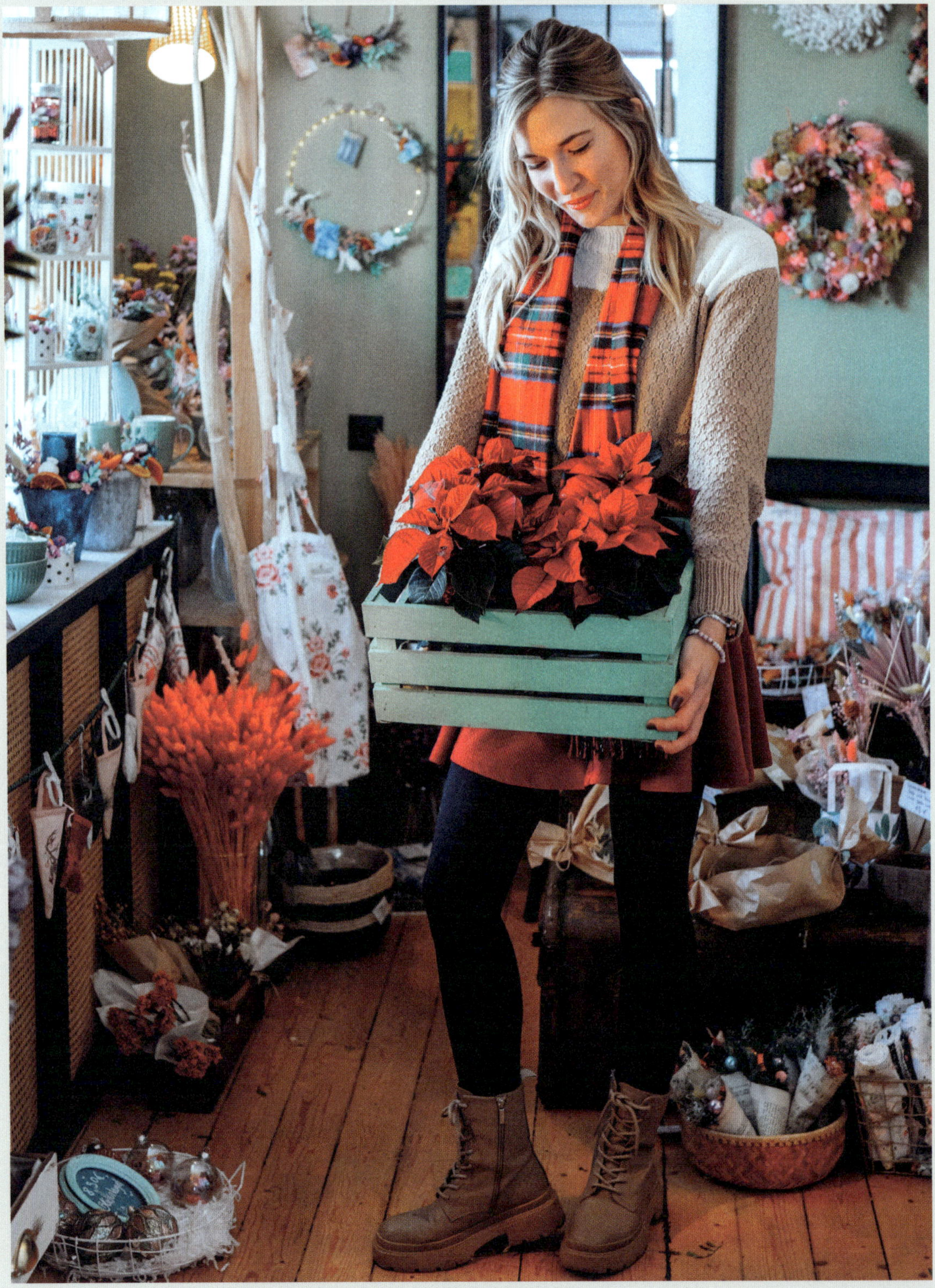

Danksagung

Danke an meine Eltern, die mir beigebracht haben, zu träumen und Weihnachten zu lieben.

Mama: Ich danke dir, dass ich mit dir ebenso Luftschlösser bauen wie kreative Ideen zum Leben erwecken kann.

Danke an meinen Opa, durch den Botanik, alte Dinge und Schatzsuchen in mein Herz eingeschrieben sind und Weihnachten immer mein beleuchtetes Puppenhaus und Geborgenheit bedeuten wird.

Ein Danke an mein Team bei Blumenpoesie: Damaris, Sara, Lubu & Kerstin, die immer offen für einen Austausch waren und den Entstehungsprozess hautnah miterlebt haben.

Für die angenehme und freudige Zusammenarbeit geht mein Danke besonders auch an Stefanie vom Stiebner Verlag. Sie hat mich liebevoll betreut, begleitet und meinen Fragen und Gedanken Raum zur Entfaltung geschenkt.

Danke außerdem an Danai vom Stiebner Verlag für das hingebungsvolle Gestalten, Einbetten, Abstimmen und die liebevolle Platzierung meiner Illustrationen und Bilder.

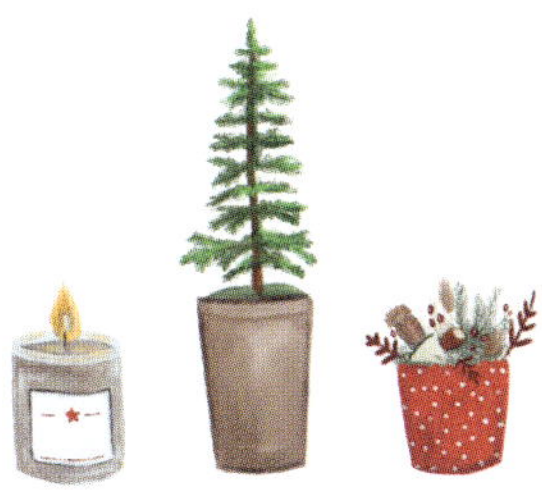

Liebe Leser:innen,

wir freuen uns, dass wir euch mit diesem Buch inspirieren und Teil eurer kreativen Reise sein dürfen. Noch mehr Inspiration, originelle Ideen und besondere Themen findet ihr auf unserer Verlagsseite www.stiebner.com.

Lasst uns zusammen kreativ werden!
Wir sind immer offen für eure Anregungen, Wünsche und Kritik – schreibt uns gerne unter verlag@stiebner.com.
Da geteilte Freude bekanntlich doppelte Freude ist: Zeigt uns eure kreativen Ideen und fertigen Projekte auf Social Media! Markiert uns mit @stiebnerverlag und Anna C. Rupp mit @annasblumenpoesie oder nutzt die folgenden Hashtags:
#WeihnachtlicheBlumenpoesie #BlumenLiebe #StiebnerKreativ

Lothstraße 4, 80335 München
Text, Fotografie und Illustrationen: Anna C. Rupp
Fotografie: Melissa Nessler (Bilder auf den Seiten 8 , 11, 13, 40, 70, 134, 150)
Covergestaltung und Layout: Danai Afrati, Stiebner Verlag
Projektleitung und Lektorat: Stefanie Klapetek, Stiebner Verlag
Druck & Bindung: Belvédère Art Books, Niederlande / www.TheArtOfMakingBooks.de

ISBN 978-3-8307-1461-3

Bibliografische Information der Deutschen Nationalbibliothek:
Die Deutsche Nationalbibliothek verzeichnet diese Publikation in der Deutschen Nationalbibliografie; detaillierte bibliografische Daten sind im Internet über http://dnb.dnb.de abrufbar.

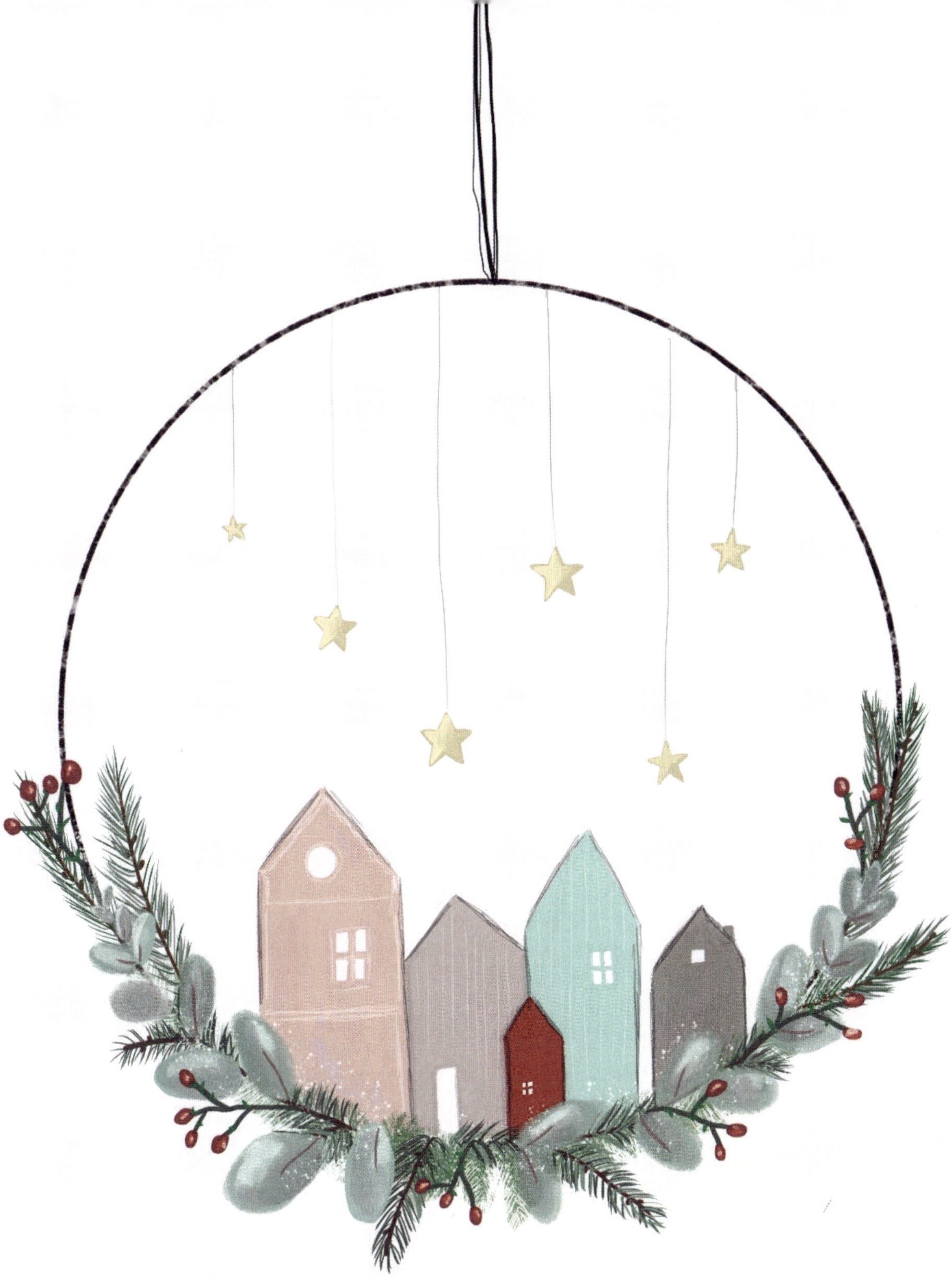